MW00910586

LA COLA DE LA SIRENA
EL PACTO DE CRISTINA

Colección Literaria LyC (Leer y Crear)
con propuestas para el acercamiento a la literatura*
Directora: Prof. HERMINIA PETRUZZI

CONRADO NALÉ ROXLO

LA COLA DE LA SIRENA
EL PACTO DE CRISTINA

EDICIONES COLIHUE

Nalé Roxlo, Conrado
    La cola de la sirena. El pacto de Cristina. - 1ª. ed. 10º reimp. -
Buenos Aires : Colihue, 2005.
    160 pp. ; 18x13 cm.- (Leer y crear)

    ISBN 950-581-109-8

    1. Teatro Argentino I. Título
    CDD A862

Introducción, notas y propuestas de trabajo:
Prof. EDUARDO M. DAYAN

Tapa: Ricardo Deambrosi

LA FOTOCOPIA
MATA AL LIBRO
Y ES UN DELITO

1ª edición / 10ª reimpresión

I.S.B.N. 950-581-109-8

© Ediciones Colihue S.R.L.
Av. Díaz Vélez 5125
(C1405DCG) Buenos Aires - Argentina
www.colihue.com.ar
ecolihue@colihue.com.ar

Hecho el depósito que marca la ley 11.723
IMPRESO EN LA ARGENTINA - PRINTED IN ARGENTINA

CRONOLOGÍA

EL AUTOR	ACONTECIMIENTOS HISTÓRICOS Y CULTURALES SIGNIFICATIVOS DE LA ÉPOCA
1897	Se inaugura en Buenos Aires el primer servicio de tranvías eléctricos, y se instala en la ciudad el primer ascensor. Leopoldo Lugones publica *Las montañas de oro* y José S. Álvarez ("Fray Mocho") *Memorias de un vigilante*.
1898 Nace en Buenos Aires, el 15 de febrero. Es el segundo de los tres hijos varones de Carlos Ricardo Nalé y Consuelo Roxlo, uruguayos con ascendientes entre los que prevalecen los de origen español. Pasa los primeros años de vida en el barrio de Flores.	Segundo período presidencial de Julio A. Roca. Explosión en La Habana del acorazado *Maine* de Estados Unidos, que declara la guerra a España. Al capitular, este último país renuncia a Cuba, Puerto Rico, Filipinas y Guam.
1899	En el centro de Buenos Aires se remplazan los faroles tradicionales por focos eléctricos.
1901	Se presentan en sociedad el club de fútbol River Plate y, en la Avenida de Mayo, el café Tortoni.

1904 La muerte prematura del padre, a los 41 años, obliga a los Nalé a mudarse a una vivienda más humilde en la calle Triunvirato, cerca del cementerio de la Chacarita. El verano lo pasan en la casa de la abuela materna en San Fernando, localidad del Gran Buenos Aires. Finalmente establecen allí la residencia.

1905

Emilio B. Morales funda el diario *La Razón*, se expide la primera cédula de identidad personal, se instala la primera sala cinematográfica de carácter comercial. Se estrena *El Choclo* de Angel Villoldo, compositor que pone letra a otro tango que llega a París, *La Morocha*, y que un año después satiriza una ordenanza policial que prohibía piropear a las mujeres, multando con cincuenta pesos a quienes lo hicieran, en *Cuidado con los cincuenta*.

1907

Descubrimiento de petróleo en Comodoro Rivadavia. Aparece la revista *Nosotros* (el nombre de la publicación está tomado de una novela de Roberto J. Payró, inconclusa): son sus directores Alfredo A. Bianchi y Roberto F. Giusti.

1908

El 25 de mayo se inaugura el teatro Colón. Nace el cine argentino con la primera película local, *El fusilamiento de Dorrego*.

EL AUTOR	ACONTECIMIENTOS HISTÓRICOS Y CULTURALES SIGNIFICATIVOS DE LA ÉPOCA
1909	Choque de policías y obreros el 1º de mayo, con saldo de muertos y heridos. En represalia, es arrojada una bomba sobre el carruaje ocupado por el Jefe de policía Ramón L. Falcón y su secretario, que mueren instantáneamente. Huelga revolucionaria en Barcelona: fusilamiento del líder catalán, Francisco Ferrer.
1910 Despunta su interés por el escenario: se presenta como actor teatral, aficionado, en San Fernando.	Festejos del centenario de la revolución del 25 de Mayo a los que asisten, entre otros, la infanta Isabel de Borbón y el presidente chileno, Pedro Montt. Se inaugura el túnel del ferrocarril trasandino.
1911	Aparecen *El libro fiel* de Leopoldo Lugones, *El espejo de la fuente*, de Rafael Alberto Arrieta y *Melpómene* de Arturo Capdevila. Florecimiento de la escultura: se destacan, entre otros, Rogelio Yrurtia y Agustín Riganelli.
1912 Las muertes de la abuela materna y de Armando, un joven y querido tío de Conrado, que se ahoga inexplicablemente en el balneario de San Fernando, a los que se suman apremios económicos crecientes, obligan a la familia a una nueva mudanza, esta vez a una casa y una calle humildes de Flores. Escribe los primeros versos, muy pesimistas.	Se sanciona la Ley Sáenz Peña que establece el sufragio masculino secreto y obligatorio.

1913 Reside una temporada en la ciudad de La Plata. Ayuda como copista a un tío suyo, el poeta Carlos Roxlo, que prepara una *Historia de la Literatura Uruguaya*.

Se inaugura el primer subterráneo de la ciudad de Buenos Aires: une la Plaza de Mayo con la Plaza Miserere. Surge un nuevo diario: el vespertino *Crítica*.

1914 Trabaja en la casa *Portalis y Cía.*, banqueros franceses. Presencia en los descansos el espectáculo de la casa *Bullrich*, en las calles Florida y San Martín, en pleno centro de Buenos Aires, donde Adolfo Bullrich remata animales importados: toros, caballos, carneros, gallinas de raza.

La Argentina permanece neutral en la guerra europea que estalla este año y terminará con la derrota de Alemania cuatro años después.

1915 Pasa al establecimiento de su tío, Manuel Nalé: oficina, corrales, pesebres, pista de doma, en Cangallo (hoy Teniente General Presidente Perón) y Paso, en el barrio del Once. Frecuenta personajes dignos de la picaresca criolla.

Aparecen los primeros taxímetros en Buenos Aires.

1916 Frecuenta las reuniones de *La Idea*, periódico de Flores, donde conoce al después reconocido escritor Roberto Arlt, a quien se unirá afectuosamente.

Asume la presidencia Hipólito Yrigoyen.
Alfonsina Storni publica su primer libro, *La inquietud del rosal*.

1917

Tres hechos fundamentales para la historia del tango: con Roberto Firpo, el tango se define musicalmente; una marchita de un joven estudiante de Arquitectura, Gerardo Matos Rodríguez, se transforma en *La Cumparsita* y Pascual Contursi pone letra al tango de Samuel Castriota, *Lita*, transformado así en *Mi noche triste*, primer tango

canción que es estrenado por
Carlos Gardel.
Estalla la Revolución Rusa: abdica
el zar.

1918 Es exceptuado del servicio militar
por falta de peso y una leve lesión
pulmonar. Parte a Encarnación, ciudad
del Paraguay, buscando mejorar su salud.
De allí pasa a Posadas, Misiones, donde
trabaja como cajero en un negocio de
Ramos Generales. Conoce el mundo
cruel, violento e inhumano de los
explotadores de los peones de las
plantaciones de yerba mate y el de las
víctimas. Mantiene abundante corres-
pondencia con Roberto Arlt. Traba
amistad con Julio Sanders, después
famoso autor del tango *Adiós,
muchachos*. Regresa a Buenos Aires y
participa activamente en actos políticos
y culturales en favor de la Reforma
Universitaria.

La Reforma Universitaria ini-
ciada en Córdoba permite la
intervención de los alumnos en el
manejo de las casas de estudio.
Florecen en Europa múltiples
escuelas artísticas de vanguardia.

1919 Concurre a las tertulias literarias
del café *La Cosechera*, de Avenida de
Mayo y Perú.

Semana trágica de enero: choques
entre obreros y fuerzas militares
en Buenos Aires y alrededores.

1921 Vive con su madre y su hermano
menor en el barrio de Flores, en Merlo
(hoy Francisco Bilbao) y Lafuente.
Económicamente se mantiene, en parte,
haciendo traducciones del francés para
la *Revista del Centro de Estudiantes de
Filosofía y Letras*. Escribe un soneto,
"El Grillo", por el que llegará a ser
considerado públicamente como poeta y
que dará nombre a su primer libro de
poemas.

Rebelión de obreros en la Pata-
gonia que derivará en trágicos
fusilamientos.

13

1922

Elección de Marcelo T. de Alvear como Presidente de los argentinos.
Oliverio Girondo da a conocer sus *Veinte poemas para ser leídos en el tranvía*.
Marcha sobre Roma de Mussolini: los fascistas toman el poder en Italia.

1923 Obtiene el premio del concurso literario organizado por la Editorial Babel, fundada por Samuel Glusberg, con *El Grillo*, que aparecerá así en su primera edición, dedicada a su hermano Carlos Alberto, muerto en 1918, a los veinticuatro años. Han formado el jurado tres relevantes poetas: Leopoldo Lugones, Rafael Alberto Arrieta y Arturo Capdevila.

Leopoldo Lugones pronuncia en el teatro Coliseo cuatro conferencias que conmocionan al país: comienza a definir en ellas su ideario antidemocrático.
Jorge Luis Borges publica *Fervor de Buenos Aires*.
Luis Angel Firpo, el "Toro Salvaje de las Pampas", no alcanza el trono mundial debido a que se reconoce como vencedor del combate en el que participa, al boxeador Jack Dempsey, en Nueva York.

1924 Recibe el Segundo Premio Municipal de Literatura por *El Grillo*. El 18 de noviembre, Leopoldo Lugones publica en el diario *La Nación* un artículo sobre poesía, "Albricias poéticas", en el que manifiesta sus ideas sobre la misma y elogia y apoya al galardonado autor de *El Grillo*. El artículo será reproducido en la segunda edición de la obra, de ese mismo año. El crítico Roberto F. Giusti lo considerará en el prólogo a una selección de sus poemas, cuarenta años después, ya "sabio en lágrimas ocultas" en su primer poemario.

El dirigible Graf Zeppelin hace el viaje de Europa a América.

Conoce al escultor Agustín Riganelli, a quien lo atará una larga amistad. Tiene parte en la redacción inicial del periódico quincenal de arte y crítica libre Martín Fierro (segunda época), vocero del pensamiento ultraísta, cuya estética comparte en cierta medida. Comienza a colaborar en distintas publicaciones y continuará haciéndolo toda su vida, con su nombre o con distintos seudónimos: "Alguien", "Homo Sapiens", "Chamico". Escribirá para los diarios *La Nación* y *El Mundo* y revistas como *Nosotros*, *El Hogar*, *Mundo Argentino*, *Sur*. Viaja con vagos cargos como parte integrante de la intervención de la provincia de Jujuy decretada por el gobierno de Marcelo T. de Alvear. Permanece allí tres meses. Conoce a Teresa Isabel de la Fuente con quien se casará en 1925.

1925

Obras de construcción de la avenida Costanera, diagonales Norte y Sur y ensanche de la avenida Corrientes en Buenos Aires.
El dramaturgo Armando Discépolo concluye *Babilonia*, obra en un acto. Pueden apreciarse dos joyas en el cine: *La quimera del oro*, de Charles Chaplin y *El acorazado Potemkin*, de Serghei Eisenstein.

1926

El hidroavión Plus Ultra sale de Palos de Moguer, el mismo lugar de España de donde partiera Cristóbal Colón para su aventura americana, con rumbo a Buenos

Aires. Al llegar, Ramón Franco y sus acompañantes son llevados en andas por la multitud.

Ola de repudio mundial por la condena a muerte en Estados Unidos de los anarquistas italianos Nicola Sacco y Bartolomeo Vanzetti, que serán ejecutados el año siguiente.

El aviador estadounidense Charles Lindbergh atraviesa sin acompañante el Atlántico Norte en su pequeño avión *Spirit of Saint Louis*.

Se estrena la primera película sonora de la historia: *El cantor de jazz* con Al Jolson. Filippo Tommaso Marinetti, escritor italiano creador del futurismo, inventa el plato de *frutillas a la nafta*. (Sic. Golosos abstenerse).

Se publican *Don Segundo Sombra*, de Ricardo Güiraldes, *El juguete rabioso* de Roberto Arlt, *Los desterrados* de Horacio Quiroga, *El violín del diablo* de Raúl González Tuñón y *La musa de la mala pata*, de Nicolás Olivari.

1927 Dirige ya la revista *Don Goyo*, ha publicado epigramas en *El Cuco* y colabora en el diario vespertino *Crítica*. Figura en la "Tabla de Expositores" del libro *Exposición de la actual poesía argentina* (1922-1927), antología de Pedro Juan Vignale y César Tiempo, como humorista con domicilio en Río de Janeiro 254, Buenos Aires, sede del diario *El Mundo*.

1928	Retorna a la Casa Rosada el viejo caudillo radical, Hipólito Yrigoyen. Aparecen los primeros colectivos porteños. Nace un diario de la mañana, *El Mundo*. En España, Federico García Lorca publica el *Romancero gitano* (*"Y que yo me la llevé al río / creyendo que era mozuela, / pero tenía marido."*), y Luis Buñuel filma con Salvador Dalí *El perro andaluz*.
1929	Se inauguran líneas aéreas a Comodoro Rivadavia y La Paz, desde Buenos Aires. Jorge Luis Borges publica *Cuaderno San Martín*, Macedonio Fernández *Papeles de Recienvenido* y Roberto Arlt, *Los siete locos*. Economía mundial en crisis.
1930	Golpe militar de 6 de setiembre encabezado por José Félix Uriburu (¡con estatua en la ciudad de Balcarce!), que derroca al presidente constitucional, Hipólito Yrigoyen. Leónidas Barleta funda el Teatro del Pueblo (hoy Teatro de la Campana): comienzo del teatro independiente. Se inaugura el tramo del subte "B" Callao - Chacarita, se entuba el arroyo Maldonado sobre el que corre hoy la avenida Juan B. Justo y entra en funciones un servicio telefónico a Washington.

1931

Primer número de la revista *Sur*, dirigida por Victoria Ocampo. Primer campeonato de fútbol profesional: Boca Juniors es campeón.
Proclamación de la República en España.

1932

Con prácticas fraudulentas y proscripciones, Agustín P. Justo es electo presidente de los argentinos. En una carroza funeraria conducida por graves lacayos, Oliverio Girondo hace pasear por Buenos Aires un espantapájaros con sombrero de copa, monóculo y pipa, mientras llamativas muchachas agotan en la calle Florida la primera edición de su libro *Espantapájaros* (*"No sé me importa un pito que las mujeres tengan los senos como magnolias o como pasas de higo; un cutis de durazno o de papel de lija. Le doy una importancia igual a cero al hecho de que amanezcan con un aliento afrodisíaco o con un aliento insecticida. Soy perfectamente capaz de soportarles una nariz que se sacaría el primer premio en una exposición de zanahorias; pero eso sí: —y en esto soy irreductible— no les perdono, bajo ningún pretexto, que no sepan volar. Si no saben volar ¡pierden el tiempo las que pretendan seducirme!".)*

1933

¿Dónde hay un mango?...
ranchera —modalidad de tango
simple, poco elaborado y con
vistas al baile— de Francisco
Canaro e Ivo Pelay, testimonia
críticamente la crisis económica
que padece el país.

1935

Enrique Santos Discépolo
escribe *Cambalache*, el tango
que cifra la decepción y el fracaso
del argentino de los años treinta.
Muere Carlos Gardel.

1936 Escribe los diálogos de *Loco Lindo*
sobre argumento de José B. Cairola, que
interpretan en cine Luis Sandrini, Sofía
Bozán, Tomás Simari y Ernesto Famá.
Incluye un tango propio, *Amorcito*,
musicalizado por Alberto Gambino.

"Estreno" del Obelisco, en el
marco de los festejos del cuarto
centenario de la primera fundación de Buenos Aires y ensanche de la avenida Corrientes.
Segunda época de la revista
Nosotros, con los mismos
directores-fundadores de 1907.
Luis César Amadori filma
Puerto Nuevo sobre guión propio
y de Antonio Botta, donde
documenta la existencia de la
primera villa miseria en la Argentina: "Villa Desocupación".
Abdica al trono de Inglaterra
Eduardo VIII para casarse con la
estadounidense Wally Simpson
(matrimonio morganático).
Estalla la Guerra Civil Española.
Fusilamiento de F.G. Lorca.

1937 Aparece *Claro desvelo*, su segundo
libro de poemas, de Editorial Sur,
dedicado a su madre.

Se inaugura la avenida 9 de Julio.
Suicidio de Horacio Quiroga.
Pablo Picasso, pintor español,
termina su *Guernica*, testimonio
de los horrores de la guerra.

19

1938

Se suicida Alfonsina Storni, enferma de cáncer, internándose en el mar, en Mar del Plata. También se quita la vida Leopoldo Lugones, en un recreo del Tigre, ingiriendo cianuro.

1939

Mario Soffici filma *Prisioneros de la Tierra*, basado en cuentos de Horacio Quiroga.
Inglaterra y Francia declaran la guerra a Alemania, que ha invadido Polonia.

1940

Auge del tango en la radio, en discos y en bailes: figura de importancia, Aníbal Troilo; con él se afirma la literatura de un gran poeta del tango, Homero Manzi.
Cae París. Comienzan los ataques aéreos a Inglaterra. Churchill dice al pueblo inglés que sólo puede prometerle "sangre, sudor y lágrimas".

1941 Estrena *LA COLA DE LA SIRENA*, comedia en tres actos y siete cuadros, el 20 de mayo en el teatro Marconi. El director es Enrique Gustavino, a quien le será dedicada la obra, que aparece en la editorial Hachette, y con la que logra el Primer Premio Nacional de Teatro. En un banquete en su honor con motivo del éxito de la pieza, hablan Roberto F. Giusti y Norah Lange. Publica *Cuentos de Chamico*, seudónimo con el que se identifica como humorista, dedicado a Fray Mocho y con ilustraciones de Lino

Se inaugura la avenida General Paz.
Emilio Villaba Welsh funda la revista humorística *Cascabel*.
Estados Unidos se une a los aliados contra el Eje (Alemania, Italia, Japón), en la Segunda Guerra Mundial.
Crece la afluencia de provincianos a Buenos Aires favorecidas por la guerra; prosperan las industrias.

Palacio, el creador de personajes de historieta de fama perdurable como Avivato, Ramona, don Fulgencio, en Editorial Halcón.

1942 Reedita *El Grillo y Claro desvelo* en un solo volumen que incluye, además, el artículo que le dedicara Leopoldo Lugones en el diario *La Nación* en 1924. La casa editora es Losada.
Realiza los diálogos de *Una novia en apuros*, basados en la obra teatral de los escritores húngaros Alexander Solt y Stephen Beweffi llevada al cinematógrafo por John Reinhardt y en la que participan, entre otros, Alicia Barrié, Esteban Serrador y Pedro Quartucci.

1943 Publica como Chamico un libro de relatos humorísticos, *El muerto profesional*, en Editorial Poseidón, y *Antología apócrifa*, recopilación de trabajos "A la manera de..." que ya había dado a conocer en distintas publicaciones, con caricaturas de Toño Salazar en la editorial Librería Hachette.

1944 Estrena en el teatro Odeón, el 21 de abril, la farsa en tres actos *Una viuda difícil*, dirigida por Antonio Cunil Cabanellas, con Paulina Singerman y Santiago Arrieta como intérpretes principales, y obtiene con ella el Segundo Premio Nacional de Teatro y la publicación por Editorial Poseidón.
Adapta la comedia de Darthés y Damel que se conoció como *Delirio* y en la que debuta como director de cine Arturo García Buhr.

El G.O.U., logia nacionalista del ejército, derrota al presidente Castillo. Se crea la secretaria de Trabajo y Previsión a cargo del Cnel. J. D. Perón.

José Antonio Guillermo Divito, dirige la revista *Rico Tipo*, donde se da importancia a lo costumbrista y lo social en clave de humor.

21

1945 Adapta para el cinematógrafo *Madame Sans Gêne*, de Victoriano Sardou y Emile Moreau, que se conocerá con Niní Marshall como protagonista bajo la dirección de Luis César Amadori.
Presenta en el teatro Presidente Alvear *EL PACTO DE CRISTINA* con Berta Singerman y Santiago Gómez Cou a cargo de los principales papeles, drama en tres actos.
La obra es editada con el añadido de un cuento "El cuervo del arca" por la Editorial Losada. Prologa *Steinberg todo en líneas*, reproducción de obras del famoso dibujante rumano. Recibe el Premio Nacional de Poesía por *El Grillo* y *Claro desvelo*.

Movilización popular en apoyo al coronel Juan Domingo Perón, detenido en la isla Martín García. Finaliza la Segunda Guerra Mundial con el triunfo de los aliados.

1946 Da a conocer *Cuentos de cabecera* como Chamico, con ilustraciones de Muñiz, por la Editorial La Cuerda Floja.

Triunfo de la fórmula Perón-Quijano en las elecciones presidenciales. ("No podemos caminar por los pasillos: el oro nos bloquea", dice el economista Miguel Miranda al referirse a la acumulación de reservas de dinero en el Banco Central).

1947 Recibe el Segundo Premio Nacional de Teatro por *El pacto de Cristina*.

1951

Se inaugura el servicio de televisión en la Argentina: el primer canal es el 7 y depende del Estado. Votan por primera vez las mujeres en la Argentina. Muere Enrique Santos Discépolo.

1952 Publica *De otro cielo*, tercero y último libro de poemas en Editorial Ramón Roggero y *La medicina vista de reojo*, de Chamico, con ochenta y un dibujos del autor, en Editorial Lumen.

Muere Eva Perón.

1953 Aparecen de Chamico *Libro de quejas* con portada de Muñiz, en La Cuerda Floja, *Mi pueblo*, en Emecé y *El humor de los humores*, una especie de calendario. Las dos últimas publicaciones, ilustradas por su autor.
Se inicia en la literatura infantil con *El diario de mi amiga Cordelia, la niña hada*.
Ruth Gillespie y Beth Noble, en Nueva York, anotan *Una viuda difícil* y una *Antología de cuentos y poesía de Conrado Nalé Roxlo* para ser utilizada por estudiantes estadounidenses.

1954 Presenta *La escuela de las hadas*, libro para niños, en Editorial Abril.

1955 Publica *Sumarios Policiales*, de Chamico, en Editorial Agepé.

Golpe de Estado del gral. Lonardi luego remplazado por el general Pedro Eugenio Aramburu y el almirante Isaac F. Rojas. Exilio de J. D. Perón en el Paraguay.

1956 Estrena el 23 de marzo en el teatro Liceo *Judith y las rosas*, farsa en tres actos y cuatro cuadros, por la que es distinguido con el Premio Nacional de Comedia del bienio 1954-1956. Recibe la medalla de oro de la Sociedad Argentina de Escritores.

23

1957 Ruth Gillespie difunde en Nueva York, vertida al inglés, *La cola de la sirena*, y con partitura de Dick Freitas es representada en Broadway *The difficult Widow* (Una viuda difícil). En Buenos Aires, Fernando Ayala estrena la película *Una viuda difícil* interpretada por Alba Arnova y Alfredo Alcón entre otros artistas, con música de Astor Piazzola y adaptación del propio autor de la obra.

Escribe el argumento de la película *Historia de una carta*, que interpretarán Angel Magaña y Julia Sandoval.

Aparece *Judith y las rosas* (con otras obras teatrales del autor) en Editorial Sudamericana.

Presenta en el Teatro de la Reconquista, de Buenos Aires, *El reencuentro*, drama realista y *El neblí*, misterio en un acto.

Escribe en el diario *El Mundo*, a manera de folletín semanal, un *Borrador de memorias*.

1960 Publica *Extraño accidente*, primera y única novela, en la Editorial Sudamericana.

1961 Recibe el Gran Premio de Honor que le confiere la Sociedad Argentina de Escritores.

1962 Lleva a cabo el estudio preliminar y selección de obras del autor que, con el título *Amado Villar*, integra las Ediciones Culturales Argentinas del Ministerio de Educación de la Nación.

Una nueva revista dirigida por el ex-estudiante de Arquitectura, Juan Carlos Colombres, "Landrú", introduce un humor desenfadado, desconocido hasta entonces en la Argentina: se titula *Tía Vicenta*.

Comienza la exploración del espacio con el lanzamiento de los satélites soviéticos *Sputnik I y II*.

El soviético Yuri Gagarin es el primer cosmonauta de la historia del hombre; en el *Vostok* da una vuelta completa a la Tierra en alrededor de hora y media a una altura de 327 kilómetros.

Sale a la venta el primer disco de *Los Beatles* (John Lennon, Paul Mc Cartney, George Harrison y Ringo Star).

Un golpe militar derroca al presidente Frondizi elegido en 1958.

1963 Selecciona los textos de *El grillo y otros poemas* que se edita en la *Serie del siglo y medio* de la Editorial Universitaria de Buenos Aires con estudio introductorio de Roberto F. Giusti.

1964 Biografía en *Genio y figura de Alfonsina Storni* a la poeta argentina para la colección Genio y figura de la Editorial Universitaria de Buenos Aires. Aparecen en Editorial Huemul *Teatro breve*, libro que incluye *El pasado de Elisa*, *El vacío*, *El reencuentro* y *El neblí*, con prólogo de Luis de Paola y *Una viuda difícil* y *Judith y las rosas* en un solo volumen con prólogo de Alfredo de la Guardia; todos los textos en la colección Clásicos Huemul, con notas y vocabulario.

1965 Aparecen *La cola de la sirena* y *El pacto de Cristina* en un solo librito de la Editorial Huemul en la colección *Clásicos Huemul*, que reproduce el prólogo de Alfredo de la Guardia. Publica *El ingenioso hidalgo*, de Chamico, en la Editorial Universitaria de Buenos Aires.

1966

Julio Cortázar publica la novela *Rayuela*.
La fórmula radical Illia-Perette gana las elecciones con la proscripción del peronismo.

El presidente Lyndon B. Johnson autoriza el envío de tropas estadounidenses a Vietnam.

Golpe de Estado: asume la Presidencia el general Juan Carlos Onganía, que desmantela a bastonazos la floreciente Universidad de Buenos Aires, expulsa a las mejores inteligencias del país y quiebra la feliz experiencia de la editorial universitaria (Eudeba).
Se publica la novela del escritor uruguayo Mario Benedetti, *Gracias por el fuego*.

La modelo inglesa Twiggy causa sensación al bajar de un avión en Estados Unidos: lleva minifalda.

1967   Da a conocer *Las puertas del purgatorio*, primero y único libro de cuentos en Compañía Fabril Editora.

El grupo de rock *Los Gatos* graba su primer simple *La Balsa*, de Litto Nebbia y Tanguito (*"Tengo que conseguir mucha madera, / tengo que conseguir de donde pueda."*): nace el rock nacional. Los Beatles presentan su disco *Sargeant Pepper's Lonely Hearts Club Band*.

1968   Aparece en Editorial Huemul *Antología total*, con estudio preliminar y selección de Luis de Paola que incluye además de textos ya conocidos el cuento "Bajo el signo de Acuario".
El jurado del concurso instituido por la Fundación Odol le acuerda el premio "Sixto Pondal Ríos" consistente en un millón de pesos (hoy equivaldría al valor de un departamento de dos ambientes, contrafrente, sin teléfono), por su significación en las letras argentinas.

Aparecen en Buenos Aires las novelas *La traición de Rita Hayworth* de Manuel Puig, argentino, y *Cien años de soledad* del colombiano Gabriel García Márquez.
Una rebelión estudiantil en Francia conmueve al mundo.

1969   Presenta en el teatro Candilejas diversas piezas de las que conformarán la *Nueva antología apócrifa*, que publica el mismo año en Compañía Fabril Editora. Reestrena *Una viuda difícil* en el Teatro Nacional Cervantes en el inicio de la temporada oficial, con Beatriz Bonnet y Rodolfo Salerno en los papeles principales.
Publica en un solo volumen *El grillo, Claro desvelo* y *De otro cielo* en edición escolar de la Editorial Kapelusz, con un estudio preliminar y cronológico a cargo

de María Hortensia Lacau para la
colección *Grandes Obras de la Literatura
Universal.* Es nombrado miembro de la
Academia Argentina de Letras.

1969

Oleadas de conflictos sindicales
y estudiantiles desembocan en
una sublevación popular en
Córdoba: es el "cordobazo".
Luis Alberto Spinetta, Emilio
del Guercio, Edelmiro Molinari
y Rodolfo García, el grupo
Almendra, dan a conocer su
primer álbum de rock nacional,
que incluye *Muchacha ojos de
papel, Plegaria para un niño
dormido, Ana no duerme,
Fermín, A estos hombres tristes.*
Neil Armstrong y Edwin Aldrin
realizan la primera caminata del
hombre en la Luna. Descienden
desde la Apolo XI en órbita, al
comando de Michael Collins,
recogen muestras del suelo lu-
nar y vuelven a Cabo Kennedy.
Primeras imágenes en televisión,
en directo, desde la Luna, vistas
por 723 millones de personas en
el mundo.
Primera guerra originada en la
pasión futbolística. En el último
minuto del partido, Honduras le
marca un gol a El Salvador. "Una
joven que no pudo soportar la
humillación a la que fue sometida
su patria", explica el diario *El
Nacional,* se pega un tiro. Al
entierro de la muchacha de
dieciocho años acuden ministros

27

y el Presidente de la República. Poco después, un avión bombardea Tegucigalpa.

Se publica *Conversación en La Catedral*, novela del escritor peruano Mario Vargas Llosa.

1970

El teniente general Alejandro Lanusse depone al teniente general Juan Carlos Onganía. Se designa presidente al general de brigada Roberto Marcelo Levingston. Secuestro y muerte del ex-presidente de facto Pedro Eugenio Aramburu a manos del grupo guerrillero Montoneros.

Astor Piazzola resume experiencias musicales anteriores en su quinteto *Nuevo Tango* que, respetando la esencia de la canción ciudadana, incorpora nuevas posibilidades del género: lo definen obras como *Adiós Nonino* y *Verano porteño*.

1971 Muere el 2 de julio.

Aparecen en edición anotada de la Editorial Kapelusz, en la Colección Grandes Obras de la Literatura Universal, *Antología apócrifa*, a cargo de María Hortensia Lacau, y *Mi pueblo*, al cuidado de Herminia Petruzzi.

Cesa Roberto Marcelo Levingston en el ejercicio de la Presidencia de la Nación y reasume Pedro Agustín Lanusse.

Muere Armando Discépolo.

Vox Dei edita una versión rockera de *la Biblia*.

Los Beatles resumen en dos frases el nuevo estado espiritual de la juventud: *"Denle una oportunidad a la paz"*, *"Todo lo que necesitas es amor"*.

1978 Se publica *Borrador de Memorias*, en Editorial Plus Ultra.

INTRODUCCIÓN

LA COLA DE LA SIRENA

No todos los días se pesca una sirena

La revisión de la CRONOLOGÍA nos permite ver cómo va encontrando su camino de autor teatral Conrado Nalé Roxlo.

Premiado poeta de *El grillo*, conocido humorista —"Chamico" es su seudónimo—, un proceso de búsquedas le permitirá llegar a reconocerse, además, como dramaturgo.

En 1910, en sus años muy jóvenes, casi infantiles, actúa como aficionado en un escenario del entonces pueblo de San Fernando. Ocho años después, entabla una relación amistosa con Julio Sanders, después consagrado autor del tango *Adiós, muchachos*. En 1936 ejercita la técnica del diálogo como guionista de la película *Loco lindo*, en la que incluye un tango del que él mismo es el autor.

Actor aficionado, guionista de cine, interesado en las historias que cuentan los tangos, todo funcionará como sedimento y aprendizaje del que surgirá el autor dramático.

Conversador, Nalé cuenta sus argumentos a distintos amigos, y hasta planea las réplicas en las que circula el jugo vivificante que aportan su poesía y su humor. Pero no escribe; prefiere mantener su creación en el reino de las ideas. Obligado a darles vida a sus personajes, nace *La cola de la sirena*.

No era más que el silencio que de tan profundo parecía cantar

Aunque el 13 de mayo de 1941 aparece el anuncio del estreno de *La cola de la sirena*, el día 15 todavía se sigue representando *El camino del tabaco*, de Caldwell y Kirkland en el teatro Marconi. El lunes 19 se pueden leer en *La Nación* las declaraciones de Conrado Nalé Roxlo:

> "En el año 1933 publiqué un brevísimo relato, que viene a ser la fe de nacimiento de *La cola de la sirena*. Esa historia creció con el andar del tiempo y el vuelo de la imaginación hasta alcanzar las dimensiones del escenario. Noche tras noche, durante ocho años, le fui agregando escenas, réplicas, versos, introduciendo personajes nuevos, matando otros, ya existentes, levantando y bajando telones imaginarios, pues todo este trabajo no era más que un juego de la fantasía, un cuerpo flotante, al que le faltaba la sangre vivificadora de la tinta que necesitan para vivir los seres literarios.
>
> Solo cuando un amigo, Enrique Gustavino, organizó la temporada que dirige en el teatro Marconi, y con una fe que a mí mismo me dejó sorprendido, me propuso que escribiese *La cola de la sirena*, que alguna vez le había citado, asignándome no ya a libro cerrado, sino a libro sin escribir, el segundo turno de representación, me senté a escribir. Así, esta pieza ha sido largamente acariciada y rápidamente escrita, como creo que deben crearse todas las obras literarias.
>
> *La cola de la sirena* es una historia de amor, como la mayor parte de las historias dignas de ser contadas, y su protagonista es una sirena que se llama Alga, nombre que, como debe saberse, es tan corriente en el mar como María en la tierra. Pero no voy a anticipar el argumento. Con frecuencia he oído decir que el teatro impone al escritor grandes limitaciones. Por mi parte debo confesar honradamente que no las he sentido; nunca he experimentado tan íntegramente el placer de expresarme, este placer un poco impúdico, que es base de la vocación de escritor, como al repartir mi alma entre los personajes de mi obra: hay veintiséis, calculen si habrá habido reparto."

No hay como ser hombre para no entender de mujeres

El 20 de mayo de 1941 hay niebla en las primeras horas del día en Buenos Aires; la temperatura máxima es de 19.7, alta para la época, y la mínima, 10.5.

En el barrio de Barracas se inaugura el edificio de la Escuela Superior de Comercio Nº1 "Dr. Joaquín V. González" en Montes de Oca y Australia. Creada como sección sur de la Escuela de Comercio Carlos Pellegrini, dependiente de la Universidad de Buenos Aires, en 1905, ha logrado su autonomía en 1909 y por la mañana estrena su nueva casa.

Es el día número 626 de la Segunda Guerra Mundial. Los diarios informan: Fuerzas alemanas intentaron sin éxito una invasión de Creta / Ha sido contenida otra tentativa alemana de avance hacia Egipto / Islandia proclamó su independencia del Reino de Dinamarca e instauró un régimen republicano / Berlín hace saber que fue hundido el barco egipcio Zam Zam y que sus pasajeros llegan a Francia en territorio ocupado. Un funcionario nazi declara que "el buque fue destruido con el más minucioso respeto a todas las reglas internacionales"; la prensa norteamericana y británica califica el hecho como "nuevo ejemplo de la barbarie nazi".

En el río de la Plata, otras eran las batallas que se apreciaban.

El deseo ardiente del amor trae a Buenos Aires a la sirena europea, que ha dejado la isla griega de Corfú y los peligros de sus aguas y sus tierras [1].

Dos y dos sumados con fe son una sirena

En el teatro Marconi, situado en la Avenida Rivadavia 2230, se representa en dos funciones, a las 18.15 y a las 22.15, dirigida por

---

[1] El escritor argentino Alberto Salas, nacido en 1922 en su libro *Para un bestiario de Indias*, Losada, Buenos Aires, 1968, ironiza: "Si estamos de acuerdo sobre la existencia de las sirenas que le cantaron a Ulises, los dragones que mataba San Jorge, la existencia del ave Fénix y sobre todas las maravillas que siempre se atribuyen europeos y asiáticos, ¿por qué no resolvemos a admitir la existencia de esos mismos seres en nuestra tierra de América?"

Enrique Gustavino, *La cola de la sirena*, "amable y graciosa comedia que interesa a las damas", según la publicidad.

"Con *La cola de la sirena*, primera obra escénica de Conrado Nalé Roxlo, estrenada anoche por la compañía del Marconi, penetra un hálito de poesía en el teatro nacional", comenta *La Nación* el 21 de mayo. Y agrega: "...obra de inspiración lozana, de intenciones psicológicas, de rasgos humorísticos, de acento poético, de sugerencias de ensueño y de fantasía".

En la misma visión de Eduardo González Lanuza, con matices[2]:

"Yo vi por primera vez asomar la punta de su cola en la conversación de Conrado; desaparecer y volver a aparecer tras largas sumersiones en el silencio. Durante años nadó tranquila en su alma, como encontrándose bien en su clima de poesía, tal vez dispuesta a no abandonarla jamás, enamorada criatura que no quisiese separarse de su creador. Pero la dura misión del poeta consiste en desalojar de la tibieza de su propia intimidad, a los hijos más queridos de su espíritu, y en dejarlos, como en este caso, abandonados en ese umbral abierto entre dos realidades extrañas que es un escenario.

Llegué a creer que la sirena se saldría con la suya: que Nalé no lograría atraparla. Habíamos hablado tanto de ella que ya era casi como una amiga común, cuyo recuerdo compartiéramos."

Nada más real que los sueños mientras soñamos

Según la leyenda más antigua, las sirenas —ninfas marinas con busto de mujer y cuerpo de ave—, habitaban una isla del Mediterráneo al sur de Italia. Con la dulzura de su canto, atraían a los navegantes que pasaban por esos sitios. Los barcos se acercaban peligrosamente a la

---

[2] Nalé Roxlo, Conrado, *La cola de la sirena*, Buenos Aires, Hachette, 1946.

costa, que era rocosa, y zozobraban. Dos de ellas se mencionan en *La Odisea*; otras tradiciones citan tres o cuatro [3].

"Algunos artistas la representan impropiamente con medio cuerpo de mujer y el otro medio de pez", dice el diccionario, aunque esta imagen es la que ha terminado por imponerse [4].

La obra, en tres actos y siete cuadros, desenvuelve en un esquema lineal sus acciones.

El acto primero, en la cubierta de un barco, presenta el éxtasis colectivo de la tripulación por el canto de una sirena. Todos pueden oírla menos Patricio. Atrapada en la red e izada a bordo, Alga y Patricio se confiesan enamorados.

El acto segundo, en interiores, desarrolla el choque de fuerzas que se da en Patricio. Ciencia y religión, incluso Alga que no quiere ser vista como un fenómeno de exposición sino que busca ser una mujer, todo presiona sobre él.

Del enfrentamiento saldrá vencedor el sentido común, y la sirena, transformada, perderá su canto.

El acto tercero, en la terraza de un hotel junto al mar, muestra en Patricio el fin del enamoramiento por Alga y el nacimiento de un nuevo amor hacia otra sirena, la aviadora Gloria, la mujer alada que cumple la definición del diccionario.

Amar a una sirena es amar un sueño

Patricio representa una contradicción: él quiere a Alga cuando es una sirena; se enfrenta a su deseo todo el mundo exterior que le importa. (Por eso echa sin dudar a personajes grotescos como los que presiden el Club de Pescadores).

También mantiene una lucha interior: ¿hasta cuándo se puede vivir con un sueño?

[3] Grimal, Pierre, *Diccionario de mitología griega y romana*, 4ª reimpresión, Buenos Aires, Paidós, 1989.
[4] Así vio a la sexta hija del viudo Rey del Mar el escritor dinamarqués Hans Christian Andersen (1805-1875) en su famoso cuento *La sirenita*: "Tenía la piel suave y delicada como una hoja de rosa; los ojos, azules como un lago profundo; pero no tenía pies, como sus hermanas: su cuerpo terminaba en una cola de pescado".

Disipada la fascinación, surge el desencanto y el amor se desvanece. Patricio no ha amado sino la ilusión que le ofrecía Alga cuando era diferente; no la acepta como mujer y prefiere embarcarse en otro sueño, el de Gloria, la sirena triunfante.

"No soy más que un reflejo tuyo", dice Alga a Patricio; busca entonces igualársele y paga con su vida la entrega total al amado.

En palabras poéticas, Alga parece anticipada en estos versos de Carlos Bertacchini publicados en *Nosotros*, en el número 77 de agosto de 1942, bajo el título de *Tu mundo y el mío*.

> *Como el ojo no advierte del espejo*
> *sino aquello que de éste es reflejado*
> *mi ser sólo concibo en el reflejo*
> *de tu ser en el mío proyectado.*

Lo maravilloso es una flor cuyas raíces están en nuestro corazón

Once años después, en un soneto incluido en *De otro cielo*, Nalé, identificado con la sirena de cabellos de oro, sigue recordándola, y hasta el paisaje se suma al dolor de la muerte del sueño.

> Va la sirena muerta por el río
> con una flecha al corazón clavada,
> y desde la ribera desolada
> mis lágrimas la siguen por el río.
>
> Mía no fue, pero fue un sueño mío.
> ¿Quién la devuelve al mar asesinada?
> ¿Por qué pasa ante mí, muerta y dorada?
> ¿Dónde perdió su corazón y el mío?
>
> ¿En qué arrecife de coral distante
> irá a encallar su frágil hermosura?
> Con ella encallará mi sueño amante.

Y del dardo mortal la pluma oscura
indicará en la tarde al navegante
que allí tiene la mar más amargura.

Así, paradójicamente, el sueño poético de Conrado Nalé Roxlo multiplica su vida en la literatura.

EL PACTO DE CRISTINA

Mi alma por toda la eternidad

Johann Faustus nació en Knittingen en 1408; algunas versiones lo hacen originario de otras ciudades alemanas como Wurtemberg o Rodach.

Muy adinerado, derrochó sus bienes y llevó una vida libertina, entregado a las diversiones y a los vicios. Expulsado de diferentes ciudades por su conducta irregular, estudió las artes mágicas.

Los falsos prodigios que realizaba motivaron que se le atribuyese la protección del demonio.

El personaje, emparentado con viejas leyendas medievales, dio origen a múltiples ficciones literarias, entre las que se destaca la del escritor Johann Wolfang von Goethe.

La figura de Fausto terminó identificándose con la del hombre que, ya viejo, pacta con el diablo la entrega del alma a cambio de conseguir la juventud y el amor.

Su mirada la precede como una suave aurora

El tema del pacto con el diablo reaparece en la obra de Nalé, en la persona de una mujer. Cristina es una joven y atractiva posadera que busca conseguir un amor que juzga inalcanzable. Impedida de obtenerlo por la absoluta pureza de su alma, para conmover el corazón de su amado se verá forzada a entregar al demonio el hijo que conciba: él será el Anticristo.

La variante de que el trato se realice sobre el alma de un inocente, refuerza lo diabólico de la situación.

Ya no dudas de mí, ¿verdad?

La doctrina católica admite la existencia de espíritus incorpóreos, los ángeles. Entre ellos hubo quienes, orgullosos, se rebelaron contra Dios, que los condenó al infierno. En el mundo tientan a los hombres buscando arrojarlos al mal. *Diablo* o *demonio* es el sustantivo común que nombra a los ángeles rebeldes; a su jefe se lo llama *Satanás* o *Lucifer*.

Lo que tendrás que entregarme en cumplimiento de nuestro contrato es lo que vas a poner en esa cuna

El drama se desarrolla linealmente.

En el acto primero, Cristina, enamorada del caballero Gerardo que sólo tiene ojos para su misión de cruzado en Jerusalén, pacta con el Diablo para conseguir ser amada.

En el acto segundo, Gerardo vuelve dispuesto a consagrarse a Cristina. Ella, feliz, intenta anular el convenio firmado con su sangre. Ya no se considera obligada a cumplirlo, ya que el amor del caballero era anterior al pacto. Además, se aferra a la idea de que todo ha sido un engaño del escribano para perjudicarla económicamente. Durante los preparativos de la boda, maese Jaime se desenmascara ante la doncella y le exige el precio a pagar: el alma del hijo que tendrá.

En el acto tercero, Cristina, virgen aún, se suicida la noche de bodas. Sufre el castigo de haber pactado con el diablo; su muerte la libera y la conduce a la protección de Dios.

Poner en tus manos esta gota de muerte

Anticipo de una corriente cinematográfica que lograría tres décadas después un impacto notable y cuyo modelo sería *El bebé de Rosemary* dirigida por Roman Polansky, con Mia Farrow y John Cassavetes, basado en un texto de Ira Levin, *El pacto de Cristina* recrea la vieja historia medieval.

Poema escénico, une en su texto, depuradamente, cultura, sensibilidad, religión y poesía.

LA EDICIÓN

Se ha utilizado la edición de la Editorial Sudamericana, Buenos Aires, 1957, hoy prácticamente inhallable, gracias a la generosidad de NAHIR SAMBADE y EMA DE PAOLA, a quienes se les agradece la atención.

LA COLA DE LA SIRENA

Comedia en tres actos y siete cuadros

A Enrique Gustavino

PERSONAJES

ALGA, LA SIRENA
PATRICIO
GLORIA
EL CAPITÁN
LÍA
PIETRO
MARCELO
TÍA JOVITA
MARGARITA
MADRE DE GLORIA
EL NEGRO
DON BELARMINO
PADRE CUSTODIO
DOCTOR NÚÑEZ
LUCAS
EL JAPONÉS
LANGARONE
MARTIRENA
UNA MUCAMA
UN MOZO
UN OBRERO
OTRO OBRERO
UN VIEJO MARINO
MIGUEL
EL COCINERO
ACORDEONISTA

Estrenada el 20 de mayo de 1941 en el teatro Marconi, de Buenos Aires.

ACTO I

CUADRO I

*La cubierta de un velero. La proa [1] se supone a la izquierda. A popa[2],
una caseta[3] con puerta al centro y a un pasaje que debe quedar entre
ella y el público. Otro igual del lado del mar. Al centro, gran mástil
cuyo tope se pierde en la altura, con cuerdas y una escala. Hacia
proa una escotilla[4] y otra caseta, muy baja, delante de la cual habrá plantas en tarros y macetas. En la pared, un acordeón y una
jaula con un canario. Entre el mástil y los camarotes de proa, una
mesa y dos sillones de paja. Junto a los camarotes, una larga
reposera de caña de la India con vistosa colchoneta. En primer
término, un gran rollo de sogas y un ancla. Al fondo, el mar en calma
y un hermoso crepúsculo tropical.* dusk - anochecer
*Al levantarse el telón, Miguel, sentado contra la borda del foro[5], com-
pone una red. Pietro riega las plantas. Lucas, en primer término,
trajina con unos viejos faroles; a su lado, El Negro, que lleva por
todo traje un pantalón azul remangado hasta las rodillas. El barco
se llama "Stella Maris"[6].*

PIETRO.—Son guapas mis plantas, ¿eh?... Con el aire del mar y tan poco
riego no sé cómo aguantan. *(Arranca una hoja seca. Al canario.)*
Caruso[7] también es guapo, ¿eh?...

MIGUEL *(sin levantar la cabeza de su trabajo).*—Todos somos guapos
aquí... *(El Negro ríe con risa infantil).*

[1] *proa*: parte delantera de la nave.
[2] *popa*: parte posterior de la nave.
[3] *caseta*: casilla.
[4] *escotilla*: abertura.
[5] *foro*: fondo del escenario
[6] Estrella del Mar, en latín.
[7] Enrico Caruso (1873-1921), tenor italiano nacido en Nápoles, el mejor de su época.

41

LUCAS.—La próxima vez no me embarco si no hay electricidad...
¡Mugre de lámparas!

PIETRO *(con sorna)*.—¿No quieres también aire acondicionado? *(Todos ríen francamente).*

LUCAS *(sonríe encogiéndose de hombros. Termina de encender un farol y lo alarga al Negro).—*¡Listo! *(El Negro lo toma y comienza a subir por la escala. Tao, con chaquetilla blanca y una bandeja con una botella y dos vasos, sale por la escotilla de proa y se dirige a la mesa, pero a mitad del camino, en medio de un paso, se detiene en actitud de escuchar. Miguel levanta la cabeza de la red y queda con un hilo en la mano, escuchando él también. El Negro, en mitad de la escala, en actitud de quien escucha. Lucas, que acaba de encender una lámpara, se queda lo mismo que los demás con el fósforo encendido hasta que se quema los dedos, soltándolo entonces, pero sin darle importancia, tan abstraído está en lo que escucha. Pietro, que estaba regando una maceta, levanta la cabeza bruscamente para escuchar y el agua le cae en los pies, cosa que no advierte. El cocinero, con gorro y un gran cuchillo en la mano, asoma, un instante después de iniciado el silencio, por la escotilla de proa y queda escuchando con medio cuerpo afuera, los codos apoyados en la cubierta. El éxtasis debe prolongarse alrededor de medio minuto. Después se rompe bruscamente y todos vuelven a la realidad, como quienes acaban de asistir a un prodigio. El Negro lanza una breve exclamación de júbilo infantil y trepa rápidamente la escala, perdiéndose en la altura.)*

PIETRO.—¡Oh, bravo, bravísimo! *(Miguel deja escapar un profundo suspiro y vuelve a su trabajo. Tao endereza la bandeja, que durante la escena anterior se le ha ido inclinando, y coloca la botella y los vasos sobre la mesa, sonriendo.)*

LUCAS *(volviendo a las lámparas).—*¡Maravilloso!

COCINERO *(acabando de salir y acercándose a Pietro).—*Mucho más lindo que ayer, ¿eh, Pietro?

PIETRO.—¡Oh!... ¡Esta vez la saco! *(Descuelga el acordeón y, sentándose en el rollo de cuerdas que hay junto al palo, trastea[8] el instrumento. Todos lo rodean, incluso el Negro, que ha bajado por la escala sin la lámpara.) A ver... ¿Era así?... (Comienza a tocar suavísimamente. Gran atención. Pero de repente el cocinero, que está a su espalda, le da un manotazo que arroja el acordeón al medio de la escena y dice:)*

---

[8] *trastea*: aprieta con los dedos las teclas.

42

COCINERO.—¡Estás loco, Pietro... con tu acordeón!... *(El Negro, de un salto, recoge el instrumento y lo cuelga en su lugar, mientras Pietro se seca el sudor de la frente y dice con resignación:)*

PIETRO.—¡Eh, sí, soy un viejo loco!... ¡Ni con mi acordeón ni con un piano de cola! *(Se levanta. El grupo se deshace. El cocinero baja por la escotilla. Tao lo sigue con la bandeja vacía. Lucas y el Negro se llevan las lámparas restantes, uno hacia proa y otro hacia popa. Miguel vuelve a la red, e, inclinado, la revisa. El canario rompe a cantar.)*

PIETRO *(acercándose)*.—¿Eh? ¿Usted también está loco?... ¿Usted también quiere aprenderla?... ¡Pobre Caruso!...

CAPITÁN *(saliendo de la puerta central del camarote de popa)*.—¿Cómo andan tus redes, Miguel?

MIGUEL *(volviéndose)*.—Ya están listas, mi capitán.

PIETRO.—La hemos oído otra vez, capitán... ¿Usted la oyó?

CAPITÁN.—Sí, Pietro, siempre la oigo.

PIETRO *(supersticioso)*.—¿No será que nos vamos a morir?...

MIGUEL *(tímidamente)*.—¿Y las ratas?... Si fuéramos a naufragar, habrían desembarcado en Valparaíso. ¿No es cierto, señor, que las condenadas tienen un olfato que no falla para los naufragios?...

CAPITÁN *(con leve jovialidad)*.—No siempre. ¿Te acuerdas, Pietro, cuando naufragó el "Albatros" en el Caribe? Se ahogaron todas las ratas, y nosotros aquí estamos, fuertes y con buen apetito, como dos grumetes... ¿Cuántos años me llevas, viejo pirata?

PIETRO *(sonriendo)*.—¡Eh!, antes le llevaba diez, pero desde que se hizo recortar la barba, creo que le llevo veinte.

CAPITÁN.—Y siempre juntos...

PIETRO.—¡Siempre! *(Con entusiasmo, volviendo al tema)* Y es el primer viaje en que la oímos... Cuando era grumete me pasaba las noches escuchando, escuchando, a ver si la oía... A veces, cuando las noches eran muy serenas, en las calmas chichas [9] de las Antillas, cuando esperábamos un poco de viento, de pronto me parecía oír una voz lejana. Pero era inútil que escuchara con toda mi alma, hasta dolerme los oídos... No era más que el silencio que, de tan profundo, parecía cantar...
Y ahora, en este viaje, siendo ya tan viejo que ni pensaba en ella, va una noche y rompe a cantar, clarito, como en un teatro, y todos la oímos.

[9] *calmas chichas*: expresión con la que se señalan los momentos en los que el aire está en completa quietud.

MIGUEL.—Todos menos don Patricio.

PIETRO.—Si don Patricio no la oye, él sabrá por qué. La oyen hasta las gaviotas, que cuando ella canta, dejan de chillar.

CAPITÁN.—¿Tú crees que siempre es la misma?

PIETRO.—¡Eh, sí, capitán!... Soy músico y no puedo equivocarme. Es la misma que nos sigue desde que salimos de Corfú... Algo quiere...

LUCAS.—¿Y qué puede querer?

PIETRO.—Y... anunciarnos la muerte, quizá.

CAPITÁN.—Si la muerte se anunciara con tan linda voz, no habría por qué tenerle miedo. ¿Tú le tienes miedo ahora, Pietro?

PIETRO.—¡Eh!, miedo no, pero... uno quiere a la familia...

CAPITÁN.—¡La familia! ¿Y desde cuándo tienes familia, Pietro? *(jovial)* Así que alguna muchacha en algún puerto... ¡A tus años, Pietro! ¿No te da vergüenza? *(Miguel ríe)*.

PIETRO *(con desesperación, avergonzado)*.—¡Eh, no, capitán, por favor! Es un modo de decir... la familia... *(Mirando al canario)* Caruso... los muchachos... el barco... *(Pudoroso)* El capitán... ¡Lo que se llama la familia!

CAPITÁN *(cordialmente)*.—Vamos, Pietro. *(Le golpea el hombro a Miguel)* Si está lista tu red, échala. *(Se dirige hacia la mesa. Pietro recoge su regadera y se va por la izquierda. Miguel arrastra la red hacia la derecha y hace mutis [10] lentamente.)*.

PATRICIO *(que ha salido del camarote de popa, puerta que da al pasaje, a tiempo de oír la orden del capitán)*.—¿Echar la red aquí? ¿Para qué?

CAPITÁN *(volviéndose)*.—¡Ah!, estaba usted ahí... ¿Cómo para qué?

PATRICIO *(sentándose a la mesa)*.—¿No me dijo usted esta misma mañana que por estos mares y en esta época no se encontraba un solo pez comestible?

CAPITÁN *(distraído)*.—Sí, es verdad...

PATRICIO.—¿Entonces?...

CAPITÁN.—Entonces, mando echar la red por si han cambiado las costumbres de los peces.

PATRICIO.—¿Lo dice usted en serio?

CAPITÁN.—No mucho. Pero... *(Muda interrogación de Patricio)* Pero siempre es más probable que caiga algo en una red tendida en el mar, aunque se trate de un mar que siempre estuvo vacío, que en una red amontonada en la cubierta.

---

[10] *mutis*: voz que se usa en el teatro para señalar que un actor se retira de la escena.

PATRICIO.—Entonces, las observaciones, la experiencia, ¿no sirven de nada?

CAPITÁN.—¡Oh!, sí. La experiencia me ha enseñado a no tomar demasiado en serio mi propia experiencia. Además... Ya sé que usted cree que estoy un poco chiflado. Pero cuando se ha viajado toda la vida en estos viejos barcos en los que se vive un poco de milagro, lo más sensato es esperar siempre que se produzca alguno. ¿Tomamos una copa?

PATRICIO (sonriendo).—¿Una?

CAPITÁN.—Para empezar. (Sirve dos copas.)

PATRICIO.—A usted es difícil seguirle el tren. Yo me tenía por un bebedor discreto, hasta en Chile [11], pero a su lado no valgo nada. (El capitán toma su copa y la vacía lentamente, pero de una sola vez.)

CAPITÁN (secándose los labios).—Es que bebemos por diferentes razones, y eso da, naturalmente, capacidades distintas. Usted, don Patricio, ha bebido siempre por placer, y todos los placeres fatigan pronto, mientras que los marinos de mi tiempo aprendimos a tomar en cumplimiento de nuestro deber, ¡y el deber de un marino no admite desfallecimientos! De la capacidad alcohólica de la oficialidad dependía muchas veces la suerte de un barco y la vida de la tripulación.

PATRICIO.—¡Capitán! (Como quien dice "no disparate".)

CAPITÁN.—Sí, señor, en aquellos tiempos sólo los grandes navíos de lujo comenzaban a tener telégrafo y ni se soñaba aún con la radiotelefonía, y no quedaba otro remedio que beber concienzudamente para asegurar una buena provisión de botellas vacías en las que enviar los pedidos de socorro en caso de peligro... (Patricio ríe.) Ría usted todo lo que quiera, pero aquellos eran otros tiempos.

PATRICIO (serio, pausa).—Es probable que entonces hubiera en el mar más ocasiones de aventura, mientras que hoy... Bueno, hasta cuando creímos haber descubierto una isla que no figuraba en las cartas de navegación, resultó que la acababan de construir para filmar una película yanqui.

CAPITÁN.—No me negará que fue una aventura maravillosa cuando vimos a la princesa rubia con la espada en la mano, danzando entre las tortugas doradas... Claro que lo echó usted todo a perder descubriendo al "cameraman" con su supercatalejo, y es que los

---

[11] hasta en Chile: referencia a la fama de grandes bebedores de los chilenos (¡salud para que haya salud!, brindis ofrecido al anotador en Valparaíso).

45

milagros de Dios están hechos a la medida de los ojos naturales del hombre y no para los aparatos de óptica.

PATRICIO.—En todo ve usted la mano de Dios.

CAPITÁN.—Es un buen ejercicio para acostumbrar los ojos y poderla encontrar cuando se la necesita. *(Le sirve una copa)* Beba, don Patricio. Es la única compensación que puedo ofrecerle. Cuando usted fletó [12] este barco para recorrer los mares, al azar, en busca de aventuras, yo debí decirle la verdad: lo maravilloso no se encuentra en la tierra, ni en el mar, ni siquiera en el cielo...

PATRICIO.—Lo sé, no se encuentra en ninguna parte.

CAPITÁN.—Sí, se encuentra, pero es una flor cuyas raíces están en nuestro corazón. Moje usted bien sus raíces a ver si florecen... Puede que la aventura se esconda en el fondo de esta botella *(acariciándola)*, de esta santa botella.

PATRICIO *(bebe)*.—Yo debo de haber nacido con las raíces secas. De niño descubrí, mucho antes que mis hermanos mayores, la verdadera identidad de los Reyes Magos. Sonreía escéptico cuando se hablaba del ángel de la guarda, hasta que una mañana, al despertar, encontré sobre la almohada una pluma blanca caída de sus alas. Fue un momento maravilloso. Pero antes del almuerzo encontré el sombrero de donde mi madre la había arrancado. Y siempre así... En mis viajes por islas y tierras extrañas, nunca he dejado de prosternarme [13] con esperanza ante los dioses más extravagantes, a ver si alguno era el mío, pero nunca me hicieron la más leve seña... es decir, sí, me la hicieron muchas veces, pero era fácil ver la manga del sacerdote.

CAPITÁN.—Sí, sí, comprendo. Pero la cosa está en poder sentir la fuerza del brazo de Dios dentro de la manga del más sucio y ladrón de los derviches [14]. Hay que tener pies, que el camino está en todas partes.

PATRICIO.—Aquí mismo, sobre este barco, todos dicen oír el canto de una sirena donde yo no oigo más que el ruido del viento y del mar. ¿Quién está en la razón, ustedes o yo?

CAPITÁN.—¡La razón!, ¡la razón!... Hay muchas clases de razón: el secreto de la fe consiste en perder la razón de todos los días para encontrar la razón del día del prodigio. Poder sumar dos y dos y no sorprenderse de que el resultado no sea cuatro.

PATRICIO *(alargando el vaso, ya borracho)*.—Deme riego entonces para mis secas raíces; ya que no tengo fe, quiero perder también la razón.

---

[12] *fletó*: alquiló.

[13] *prosternarme*: arrodillarme.

[14] *derviche*: especie de monje entre los mahometanos.

CAPITÁN (*sirviéndole*).—Beba, Patricio, que Dios ama a los borrachos, como lo demostró eligiendo a Noé, inventor del vino y primer ebrio prontuariado en la Biblia, para perpetuar nuestra especie.

PATRICIO (*ya ebrio, se levanta con la copa en la mano*).—Dos y dos son siete, ¿no, capitán?... Y yo remonto la corriente que sale del cuello de esta botella, de esta santa botella... (*Transición* [15]. *De pie en medio de la escena, mira a su alrededor.*) Y este barco es mío (*se acerca al palo y mira hacia arriba*), y este palo mayor es mío y también la gaviota... y el fuego de San Telmo [16] que había anoche también era mío. (*Se separa del palo y con un dedo extendido hacia el foro traza, con un amplio y lento ademán, una línea ideal en el horizonte.*) Pero la gaviota se fue... se fue sin decirme nada... porque yo soy un tonto que sé que dos y dos no son más que cuatro, ¿eh, capitán?... Y el fuego de San Telmo se apagó y no tengo más luz... (*llegando junto a la mesa y empuñando la botella*) que la que sale de esta botella... ¿Cómo era?... ¡Ah!, sí, de esta santa y digna botella. (*Se sirve un vaso torpemente y lo bebe de un trago*) ¡Y todo es mío!... La bandera también... y el ancla... y la gaviota con el fuego en el pico... pero ustedes oyen cantar a la sirena y yo no...; la oyen los marineros porque son sencillos, y mi gran capitán porque se agarró a la mano de Dios en un naufragio... Y yo la quiero oír porque dos y dos son una gaviota con fuego en el pecho... y puedo ver el fondo del mar mirando por el ojo de esta santa botella. (*Mira por el gollete*). Y dos y dos... sumados con fe, son una sirena (*De golpe, queda con las manos apoyadas en la mesa, la cabeza levantada en actitud de escuchar. El capitán hace también un gesto y escucha. Pietro, que venía de proa, se detiene a escuchar también*). ¡Capitán! ¡La oigo! ¡Sí, es ella, la sirena! (*Se sienta lentamente. En voz baja:*) ¡Oh, Dios mío!... (*Cae dormido con la cabeza entre los brazos apoyados en la mesa.*)

UN GRITO A POPA.—¡Sirena en la red!

OTRO GRITO.—¡La sirena! ¡La sirena ha caído en la red!

UNA VOZ.—¡Hala, hala [17]!

OTRA VOZ.—¡Cuidado con el timón!

CAPITÁN (*se levanta de un salto y queda un momento indeciso. Después sacude a Patricio*).—¡Patricio, la sirena! (*Pero Patricio está demasiado borracho y su cabeza vuelve a caer pesadamente sobre*

---

[15] *Transición*: acción y efecto de pasar de un modo de ser o estar a otro distinto.

[16] *fuego de San Telmo*: penacho luminoso que suele dejarse ver en las arboladuras de los barcos cuando la atmósfera está cargada de electricidad.

[17] *¡Hala, hala!*: interjección duplicada para animar o apurar (familiarmente "jala").

47

la mesa. El capitán lo abandona y corre hacia popa, pero se detiene a medio camino, pues ya llega el Negro, seguido y rodeado por los demás tripulantes, que a los primeros gritos han salido de todas partes y corrido a popa, trayendo a la sirena desvanecida en brazos.) ¡Dios mío, es verdad!

NEGRO.—¡Yo la saqué! ¡Yo la saqué!

PIETRO.—¡Cayó en la red!

MIGUEL.—Se golpeó con el timón. Creo que está muerta.

PIETRO.—¡No, muerta no! Debe de estar desmayada. *(Toma una de las manos colgantes de la sirena y trata de calentársela con las suyas.)*

LUCAS.—¡Parece mentira! ¡Tan linda!

CAPITÁN *(al Negro).*—Ponla aquí, Domingo. *(Él mismo corre la reposera hasta cerca del palo. El Negro la deposita con todo cuidado)* Cuidado, cuidado... *(Queda la sirena tendida en la reposera y los tripulantes colocados detrás, expectantes e inquietos. Pietro, arrodillado a la cabecera, se quita la gorra. El capitán pone una rodilla en tierra y levanta y deja caer los párpados de la sirena —reina en la tripulación un silencio profundo—, le toma después el pulso.)*

PIETRO *(que no puede más).*—¿Está muerta, señor?

CAPITÁN.—No lo sé, Pietro... Confiemos en Él, que nos ha permitido ver este prodigio. *(Pietro se persigna.* [18]*)*

TELÓN

---

[18] *persigna*: hace la señal de la cruz.

CUADRO II

El mismo escenario que en el cuadro anterior, sólo que junto al mástil y en primer término se ha levantado, con remos y una lona, una tienda [19], debajo de la cual yace Alga tendida en la reposera y cubierta por una rica tela de colores vivos. Dentro de la tienda cuelgan dos lámparas de bronce encendidas, cuya luz, mezclándose con la dudosa claridad del alba, da a la escena un aspecto fantástico. Algunas macetas han sido traídas junto a la tienda. Lejos, en el horizonte, la silueta vaga de Buenos Aires. La escena se irá aclarando lentamente. A telón bajado se oirá, como si viniera de muy lejos, la canción que los tripulantes cantarán después, subiendo lentamente de tono, lo mismo que el acordeón, para dar la sensación de que el barco se va acercando. Y al levantarse el telón, Pietro, en cuclillas [20] delante de la tienda, tocará el acordeón y con un signo de la cabeza indicará a la tripulación, distribuida en dos alas irregulares a los lados de la tienda, el momento de cantar:)

Despierta, niña del agua,
a la luz de la mañana;
despierta, flor de la espuma;
despierta, flor de las algas.
Despierta, niña del agua.

Los almirantes dorados
tiran sus gorras al agua
al ver tus cabellos de oro,
niña de la mar amarga.

---

[19] *tienda*: especie de toldo para defenderse del sol o de la lluvia.
[20] *en cuclillas*: postura en la que, al agachar el cuerpo, las asentaderas se acercan al suelo.

Estan regresando a la realidad

Despierta, rosa marina;
despierta, niña del agua.

La tierra se vuelve arena
para acercarse a tu casa,
y quien te vio ya no quiere
mirar pájaros ni plantas,
dorada luna del agua.
Despierta, niña, despierta
a la luz de la mañana;
despierta, niña del agua.

Capitán *(sale del camarote de popa al terminarse la canción, y acercándose a Alga, le pone la mano en la frente, le toma el pulso y la contempla atentamente. El grupo de los tripulantes se ha acercado, expectante y curioso. Después el capitán se vuelve hacia el público y dice, avanzando seguido por los marineros):*—Todo es inútil.

Pietro.—Hemos rezado toda la noche, sin que Dios nos oyera... Ahora cantábamos...

Negro.—Si estuviéramos cerca de Santo Domingo...

Pietro.—¿Qué pasaría?

Negro.—Mi abuela sabe hacer revivir los muertos pegándoles con una cola de diablo bendita... Y sabe también las palabras.

Miguel.—Pero ella no está muerta; ¿no es cierto, señor, que no está muerta?

Capitán.—No, hijo; no está muerta, pero ya lleva más de doce horas así. He agotado todos los recursos del botiquín y de mi experiencia.

Lucas *(Que ha quedado cerca de la sirena contemplándola).*—Y es linda como los ángeles... Ahora sonríe... *(El capitán, sentado en el rollo de cuerdas, enciende la pipa.)*

Pietro *(va hacia la caseta de proa y viene con la jaula del canario).*—Capitán, si me da permiso, voy a ponerle cerca mi canario. Canta tan bien...

Capitán.—Haz lo que quieras. *(Mientras Pietro cuelga la jaula sobre la cabeza de la sirena)* Y apaga esas luces *(Pietro lo hace.)*

Pietro *(regresando al grupo de tripulantes que rodea al capitán).*—Ahora parece que está muy triste.

Capitán.—Sí, toda la noche he estado observándola. Había momentos en que parecía sufrir tanto, que yo esperaba que el dolor la despertara. Otras veces su sonrisa revelaba una dicha tan intensa,

50

que parecía imposible que un ser vivo pudiera soportarla. Era cuando más me inquietaba.

NEGRO.—Cuando me quedé solo, a eso de las tres, le toqué la mano...

PIETRO (*con contenida indignación*).—¡Le tocaste la mano! ¿Cómo te atreviste?

NEGRO (*Tímidamente, mirando al capitán*).—Sí, no pude resistir. (*Arrobado*) Era tan blanca... Le toqué la mano así, con la punta de un dedo, y estaba tan fría que tuve miedo de volver a mirarla hasta que usted volvió, señor. (*Pausa.*)

MIGUEL.—¡Esos llantos! (*Se estremece*) Toda la noche han llorado alrededor del buque... (*Pausa larga.*)

PIETRO.—¿Usted cree que fue el golpe del timón, capitán?

CAPITÁN.—No; no tiene ningún golpe visible, y un golpe interno daría un cuadro muy distinto. De eso entiendo algo, ¡he visto a tantos compañeros caer de las vergas [21] en días de tormenta!... Claro que estamos ante un ser de otra naturaleza. (*Transición, a Tao*) Tao, ve a ver si despertó don Patricio. También él me tiene inquieto. (*Mutis de Tao por la popa.*)

LUCAS.—Si no fue por un golpe, no puedo imaginarme cómo se desvaneció. Mientras estaba en la red se movía ágil, inquieta. Ella misma ayudó con las manos a desenredarse. Parecía muy contenta y me sonrió.

MIGUEL.—¡Fue a mí a quien sonrió!

PIETRO.—¡Eh, qué les va a sonreír a ustedes! Fue a mí, y levantó las cejas... así. (*Hace el gesto.*)

CAPITÁN (*paternal*).—Bueno, les habrá sonreído a todos. No se peleen.

NEGRO.—Cuando la alcé en brazos estaba tan viva como usted y yo, y hasta me pareció que iba a decir algo. Y de pronto se quedó como muerta... Le juro, señor capitán, que yo no la apreté; la tenía así, como a un niño recién nacido...

CAPITÁN.—No te inquietes, ya sabemos todos que eres un buen muchacho... aunque tu abuela sea bruja.

NEGRO.—Bruja, pero muy buena cristiana, señor.

CAPITÁN (*levantándose*).—Bueno, vayan y que el cocinero les dé un buen trago, que todos hemos pasado muy mala noche. (*Todos se van hacia la escotilla de proa y descienden en fila. Unos se llevan la mano a la gorra, otros dicen: "Gracias, señor".*)

PIETRO (*que se ha quedado*).—Quisiera hacerle una pregunta: ¿Ha pen-

---

[21] *vergas*: palos a los que se aseguran la extremidad u orilla de las velas.

La existencia de Alga depende de la razón de Patricio

sado qué haremos con ella si no se despierta? *(Gesto vago del capitán)* Yo creo, si me permite, que deberíamos llevarla al puerto y hacerla ver por un buen médico.

CAPITÁN.—No sé que haya especialistas en sirenas... Lo mejor será devolverla al mar. *(Mirando hacia la popa)* Pero quiero que antes la vea don Patricio. *(A Tao, que viene del camarote.)* ¿Qué hay, Tao?

TAO.—Ya viene, señor. *(Vase Tao por la escotilla.)*

PIETRO.—¡Devolverla al mar! Eso sería perderla para siempre. No verla nunca más... ¡Tan linda!

CAPITÁL.—No veo otro medio. *(Ante un gesto de desagrado de Pietro)* ¿No comprendes, viejo, que aquí puede morirse?

PIETRO.—¡Cómo se va a morir si la queremos tanto! *(Vase por la escotilla, deteniéndose antes de contemplar a la sirena.)*

PATRICIO *(sale del camarote de popa, puerta que da al público. Se pasa las manos por la frente, como quien trata de despejarse. Está pálido y demacrado. Ve al capitán y se dirige a él).*—¡Ah, qué noche, qué sueño tan extraño!...

CAPITÁN.—Por fin resucitó usted. ¿Cómo se siente?

PATRICIO.—Usted lo ha dicho, como un resucitado. Tengo la sensación de que hasta hoy he estado muerto... y recién ahora... *(Fijándose en la tienda)* ¡Ah! *(Toma al capitán de un brazo)* ¡Capitán!

CAPITÁN.—Sí, hijo, sí; no ha soñado... o el barco entero es la sombra de un sueño. *(Patricio corre hacia la carpa y queda un instante suspenso contemplando a la sirena yacente. Después, pone una rodilla en tierra. Lentamente, le toma la mano y se la besa. Alga suspira, mueve la cabeza, abre los ojos y se queda mirando a Patricio con esa sonrisa dulce y cansada de las mujeres después de un parto.)*

PATRICIO.—¡Ah!...

CAPITÁN *(que ha ido a colocarse de pie a los pies de Alga. Se acerca por detrás y la ayuda a incorporarse).*—¡Ah!, eso esperaba para despertarse... y yo afligiéndome toda la noche, creyendo a veces que estaba muerta...

ALGA *(apoyada sobre un codo, con la barbilla en la palma).*—Yo lo he estado, capitán. Era como si mi vida dependiera de un dios *(mirada a Patricio)* que me creara y me borrara a su capricho... Era como un rodar sin término dentro de una gran ola oscura que de pronto se abría y me levantaba hasta el cielo y de pronto volvía a cerrarse y a hundirme en la nada... Hubo momentos en que aquella vida fluctuante que se me daba y se me quitaba era tan intensa que mi pobre cuerpo no podía contenerla y, de no haberse vuelto a cerrar la ola negra, me habrían nacido nuevos brazos y nuevos pechos. *(Transición, tendiendo la mano al capitán, que él retiene.)* Usted, capitán, velaba a mi lado, como un padre junto a un niño enfermo... pero no era de usted de quien debía venirme la vida. *(El capitán le suelta la mano, que ha estado acariciando paternalmente. Ella vuelve la mirada amorosa a Patricio.)* ¡Cuánto he sufrido!...

PATRICIO *(apasionadamente).*—¡Y todo por culpa nuestra! De no haber echado esa dichosa red, no la habríamos pescado... No acierto a decirle hasta qué extremo su presencia aquí me maravilla y me hace feliz y cuánto daría por poder retenerla. Pero si usted lo quiere, ahora mismo la devolvemos al mar...

ALGA.—No, no debe tratárseme como a un pez, sino como a una mujer. Y cuando una mujer cae, ya sea en un lecho o una red, es porque quiso caer, y ningún hombre, por fuerte que sea, debe atribuirse la responsabilidad de la caída... ¿Les sorprende mi modo de hablar? Es que tengo un gran conocimiento del mundo, una gran experiencia de la vida terrestre y del corazón humano... adquirido en las novelas, que nunca faltan en el equipaje de los náufragos...

PATRICIO.—¡Oh!, perdón, no he querido... *(Pietro viene de izquierda, y, al ver la escena, levanta los brazos y va a lanzar un grito, pero se contiene ante un gesto de silencio del capitán, quien sale de la tienda sin ser notado por la pareja, que está absorta contemplándose, y pasando el brazo por el hombro de Pietro, le dice:)*

CAPITÁN.—Vamos, viejo. *(Mutis de ambos por derecha mientras le explica algo que no se oye.)*

ALGA *(después de cerciorarse con una mirada).*—Patricio, estamos solos.

PATRICIO.—¿Cómo sabes mi nombre?

ALGA.—Hace mucho tiempo que te sigo, y en las noches de calma, cuando apoyado a la borda hablabas con el capitán, yo los escuchaba. Me reía un poco de tu eterno lamentarte por no encontrar aventuras, cuando la gran aventura de tu vida suspiraba por ti, a la sombra de tu propio barco. Pero te confieso que lo que ustedes decían no me interesaba mucho. ¡He oído a tantos hombres apoyados a tantas bordas decir las mismas cosas!... Pero lo que yo quería oír, y por lo que me hubiera quedado allí una eternidad, sin cansarme nunca, porque siempre me resultaba nuevo, era tu nombre. *(Soñadora.)* Patricio... Patricio... ¡Lo que quiero a ese viejo capitán, por ser el primero a quien se lo oí!... Nadie puede decir que ha sido feliz si no ha oído a otra persona pronunciar el nombre querido... y si no ha oído el suyo propio quebrado por el estremecimiento del amor...

PATRICIO.—¿Cómo te llamas?

ALGA.—Llámame Alga... *(Desprende las manos y se cubre el rostro. Se la oye sollozar.)*

PATRICIO.—¡Alga, querida! ¿Qué tienes? *(Alga se rehace y sonríe).*

ALGA.—Nada... cosas sin importancia. Las mujeres somos así, lloramos por nada... Hablemos de otra cosa.

PATRICIO.—No, Alga. Quiero que me digas por qué llorabas.

ALGA.—Bueno, si te empeñas. Al subir voluntariamente a este barco, cometí para con los míos una traición, una traición que merece un severo castigo. Pero una sirena que revela un secreto del mar, aunque no sea más que su propio nombre, comete un horrible sacrilegio [22]. Para ello ya no hay perdón posible... Por eso han llorado mis hermanas toda la noche. Las leyes del mar son mucho más antiguas que las de la tierra y por eso son más terribles. Si cayera al mar... *(Se estremece.)* Pero sólo podré caer de tus brazos, cuando dejes de quererme, y entonces cualquier castigo me parecerá leve comparado con la pérdida de tu amor.

PATRICIO.—¡Oh, no temas! Ayer, cuando te oí por primera vez, sentí que me nacía un alma nueva, y esa alma es tuya, Alga querida. *(Pausa.)* ¿Por qué tardaste tanto en hacerte reconocer?

ALGA.—Eras tú que no podías oírme porque te faltaba fe. En cuanto creíste en mí, me arrojé en la red para venir a tu lado... No soy más que un reflejo tuyo. Por eso, cuando caíste en el sueño sin visiones del alcohol, cuando dejaste de pensarme, me desvanecí... y así toda la noche... cuando soñabas conmigo, yo subía a la superficie de la vida, dichosa como nadie lo fue nunca, y cuando volvías a la inconciencia y me borrabas, me hundía en tu olvido como en una muerte espantosa... Toda la noche he estado naciendo y muriendo, Patricio.

PATRICIO.—Ya pasó la mala noche, Alga. Ya estás para siempre a mi lado... Haremos de este viejo barco la isla errante [23] de la felicidad, viviremos siempre en el mar, lejos de todo lo que no sea nuestro amor.

ALGA *(con sobresalto).*—¡No, en el mar no!... *(Se aprieta contra él.)* Tengo miedo... *(Mira con recelo al mar.)*

PATRICIO.—No temas nada mientras yo esté a tu lado. Pero si lo pre-

---

[22] *sacrilegio:* tratamiento irrespetuoso de algo sagrado.

[23] *errante:* que anda en forma libre y suelta.

fieres, hoy mismo desembarcaremos. *(Señalando.)* ¿Ves aquella ciudad? Es la mía, allá te recibirá el cariño de los que me quieren, y estoy seguro de que serás feliz. — ironía

ALGA.—Yo no quiero ser feliz. Sólo quiero quererte, Patricio.

TELÓN

El Patricio — el patrón en
Roma

ACTO II

CUADRO I

Gran "hall" en casa de Patricio. Puertas a derecha e izquierda, la de la derecha se supone que da a la salida. Muebles antiguos y sólidos. Mapas, tapices indios, sarapes [24] *mejicanos, armas exóticas, sobre algún mueble la reproducción de un barco de vela, y en general objetos raros traídos por el dueño de casa de sus viajes. Entre estos objetos, una panoplia* [25] *con flechas en la pared del foro y al alcance de la mano. En primer término, hacia la derecha, sofá y dos sillones con una mesita de fumar. A la izquierda, una mesa con libros y papeles.*

Tao entra por la derecha y deja una carta sobre la mesita. Mutis, derecha.

PATRICIO *(entrando con Gloria por la izquierda).*—Alga es encantadora, ¿verdad?

GLORIA.—Y muy hermosa. *(Se acerca a la panoplia del foro, y de espaldas toca la punta de las flechas.)* Estas flechas ¿están envenenadas?

PATRICIO.—Sí, no las toques... *(Sentándose a medias en la mesa y volviendo al tema.)* Y es tan buena mi pobre Alga... Ayer se paró debajo de la ventana un organillero [26], y como no tenía una moneda a mano, le tiró el reloj que fue de mi madre, una verdadera joya de museo.

---

[24] *sarapes*: especie de mantas o colchas de algodón de colores vivos, algunas veces con abertura en el centro para la cabeza, como los ponchos.

[25] *panoplia*: tabla, generalmente en forma de escudo, donde se exhiben armas de colección.

[26] *organillero*: persona que toca el organillo u organito, órgano pequeño o piano que se hace sonar por medio de un cilindro con púas movido por un manubrio, y encerrado en un cajón portátil.

Se hizo añicos contra las piedras de la calle... *(Explicando.)* Como al caer los objetos en el mar no se rompen... Hace tan poco que vive en la tierra, que a menudo se olvida de sus leyes y comete toda clase de divertidas locuras. Los sirvientes están escandalizados, pero a mí me resulta delicioso... ¿No me escuchas?

GLORIA *(dándose vuelta y ocultando el pañuelo con el que se ha secado los ojos).*—Sí, sí... ¡Esa mamá que no termina de despedirse! *(Mirada a la puerta de la izquierda.)*

PATRICIO *(dándose cuenta, la toma de los brazos y la mira a los ojos, que ella trata de desviar.*—¡Gloria!... ¿Tú?... *(Ella se suelta suavemente y se aleja un poco)*¡Es claro... sí...!; pero ¡cómo iba a pensarlo, si entre nosotros nunca ha pasado nada!... Nunca nos hemos dicho una palabra...

GLORIA.—Es verdad, Patricio; nunca ha pasado nada. Cuando éramos niños, nuestras quintas de San Isidro estaban separadas por un simple alambre tejido. De tu casa pasaban a la mía las ramas de un granado, y, desde chiquita, mi gran ilusión era que llegara el verano para robarte las granadas [27]; ¡los sustos que me habré llevado y los delantales que habré roto!... Tú, seguramente que ni me veías. Yo era esa cosa sin importancia y hasta despreciable que es una chiquilina para un muchacho varón que puede cazar pájaros con rifle y fumar a escondidas. Me dabas un gran miedo y me parecías muy alto... y así fue como, cuando ya tenía trece años y me sorprendiste una siesta robando las granadas y me amenazaste con contárselo a mamá si no te daba un beso, te alargué los labios como quien alarga el cuello al verdugo... Y aquella noche no dormí. Y ahora comprendo que fue la noche más importante de mi vida. Después volví todas las siestas a sentarme a la sombra de tus ramas, pero no toqué las granadas; ya todo lo que no fuera el recuerdo de aquel beso me resultaba insípido. Pero tú no volviste a aparecer por aquel lado del jardín, y tu rifle y tus gritos de júbilo, cuando habías volteado un pobre pájaro, retumbaban del otro lado de la quinta, y yo estaba allí, prisionera de la sombra de tu árbol y herida para siempre... Pero entre nosotros no había pasado nada...

PATRICIO.—Gloria, yo... te juro que nunca pensé... No puedes imaginarte cuánto me apena.

GLORIA.—Lo creo, Patricio, pero no te apenará mucho tiempo, no sería humano. Estás enamorado, y todo lo que cae fuera del círculo de tu amor es como si no existiera... Lo sé por experiencia. *(Pausa.)* Al

---

[27] *granadas*: frutos del granado, de forma de globo con multitud de granos encarnados.

año siguiente, yo ya era una mujer, y tú, muy galante, saqueabas el granado para convidarnos a mí y a mis primas, pero creo que nunca supiste con seguridad cuál era la ladrona castigada, ¡y tan castigada!... Después vinieron tus viajes, tus largos viajes, y en el corro [28] curioso de chicas que escuchaba tus aventuras lejanas había una que hubiera dado el alma por que todo aquel inmenso mundo de que nos hablabas se hubiera reducido al pedazo de jardín que cabe en la sombra de un granado... Ya ves, Patricio, qué bien puedes decir que entre nosotros no ha pasado nada...

PATRICIO *(con tristeza)*.—Gloria...

GLORIA.—Perdóname, Patricio, por haberte dicho todo esto. Ha sido más fuerte que mi voluntad. Ha sido el gesto inútil pero inevitable del que siente que se hunde y levanta las manos para agarrarse de la sombra de un pájaro... Patricio, deseo con toda la fuerza de mi amor que seas feliz y olvides lo que sin querer he dicho, pues en verdad entre nosotros nunca ha pasado nada.

LA MAMÁ *(entrando por la izquierda)*.—Vamos, Gloria, que es tardísimo. Es monísima tu novia, Patricio, y de lo más entretenida. Y has tenido suerte al pescarla en el mar, porque lo que es en tierra, con esas ideas tan raras que tienes, no habrías encontrado una lo bastante loca como para casarse contigo. ¿No es verdad, Gloria? *(Dice esto a tiempo de salir precedida por Gloria y acompañada por Patricio. La escena queda un instante sola, y después vuelve Patricio y se pasa las manos por la frente como quien desecha un pensamiento importuno; se dirige a la mesa y, tomando la carta y un gran cortapapel en forma de cuchillo, se sienta en un sillón y abre la carta, la lee detenidamente y por fin se levanta y la arroja, después de estrujarla, a tiempo que dice, de espaldas a la puerta de la derecha:)*

PATRICIO.—¡Imbéciles! ¡Cretinos! *(Lía y Margarita dan un tímido paso en la habitación por derecha, y quedan un instante a sus espaldas sin ser vistas por él.)*

LÍA *(en voz baja, pero como para ser oída)*.—Lo debe de haber matado ya; ¿no ves que todavía tiene el puñal ensangrentado en la mano? ¡Qué horror!

PATRICIO *(dándose vuelta)*.—¡Oh!, queridas primas...

LÍA *(haciendo como que no ha reparado en él)*.—El cadáver debe de estar todavía detrás del sofá. No nos vaya a salpicar la sangre. *(Se recoge exageradamente la pollera.)*

---

[28] *corro*: círculo.

PATRICIO.—No, no hay ningún muerto. Hablaba solo. (*Por la pollera que Lía mantiene levantada.*) Puedes dejar caer el telón: no hay público digno del espectáculo.

LÍA (*sentándose en el borde de la mesa*).—Es natural, el señor no tiene ojos más que para su sirena. ¡Y yo que me había hecho tantas ilusiones! (*Los tres ríen.*)

MARGARITA.—¿Y Alga?

PATRICIO.—Muy bien, pero impaciente esperándolas a ustedes.

LÍA (*bajándose de la mesa*).—Vamos a verla, Margarita.

MARGARITA.—Sí, vamos. Le hicimos todos los encargos. (*Sacando un estuche de la cartera y mostrándoselo abierto*) ¿Ves? Le cambiamos las perlas por estos brillantes.

LÍA (*acercándose para mirar*).—Son magníficos, pero las perlas me gustan más para ella. ¡Iban tan bien con el tono de su piel!... Pero dice que no quiere nada que le recuerde el mar...

PATRICIO.—Es natural; de niña jugaba con perlas como nosotros con carozos de durazno. ¿Qué interés pueden tener para ella?

LÍA (*con fingida conmiseración*).—Querido primo, eres un tonto. No hay como ser hombre para no entender de mujeres. La verdad es que Alga no quiere nada del mar porque es un elemento extraño a ti. Quiere olvidarlo para ser fiel a su nueva patria, que no es la tierra precisamente, sino tú... Yo sé todo esto porque soy una mujer muy inteligente... y porque ella misma me lo ha dicho.

MARGARITA.—A mí me hace que le cuente cosas de cuando era chica. Quiere inventarse recuerdos de infancia como los nuestros para hacerse la ilusión de que cuando jugabas de niña, tú jugabas a los mismos juegos y pensabas en las mismas cosas... Y crecían juntos, respirando el mismo aire, cruzándose tal vez en la calle hasta el momento en que debían reconocerse para siempre... ¡Pobre Alga, cómo te quiere!

PATRICIO (*emocionado*).—¡Y yo!... Soy tan feliz... (*Mira soñador hacia la distancia sin ver, siguiendo sus recuerdos.*) Es un sueño del que nada podrá despertarme. (*Lía hace a su hermana un signo de silencio con el dedo en los labios y ambas se van de puntillas por la puerta de la izquierda.*)

TAO (*por derecha*).—Dos señores que ya vinieron otra vez.

PATRICIO.—¿Quiénes son?... Bueno, que pasen; así terminaremos de una vez. (*Tao sale por la derecha y vuelve precediendo a Teótimo Langarone y Martirena. Tao hace mutis por la derecha, y Patricio, de pie en medio de la escena, espera que los recién llegados hablen.*)

LANGARONE *(le estrecha la mano con las dos suyas y dice, sin soltarlo, muy efusivo):* — ¡Oh, señor, no puede usted imaginar lo que significa este momento para mí! ¡Estrechar su mano! ¡La mano de la proeza!... ¡Oh, permítame! *(Le abre la mano y le mira la palma.)* Soy un poco quiromante [29], un simple aficionado, nada más... ¡Oh, qué línea! *(A su compañero.)* Mire, mire usted mismo, señor vicepresidente. La línea del éxito deportivo. *(Soltándole la mano.)* En confianza, le diré que ni míster Roosevelt [30], a quien tuve el honor de examinar cuando nos visitó, tenía una línea como la suya, y eso que es un punto muy alto... No quiero insinuar nada en contra de la línea de míster Roosevelt, ¡oh, eso no!, pero le falta esa precisión, esa grandeza, esa profundidad que veo en la suya... Claro está que sus ocupaciones políticas lo han debido apartar de su verdadera vocación... ¡Hay tantos destinos frustrados!... Pero a lo que venía... *(Martirena le tira del saco.)* ¡Ah!, perdón. El entusiasmo me hace olvidar los más elementales deberes de cortesía. *(Presentando.)* Nuestro vicepresidente, el ínclito [31] Martirena, alma y nervio de nuestra institución.

MARTIRENA *(le estrecha la mano).*—Caballero, la emoción de este instante... *(Parece que va a derretirse.)*

PATRICIO *(que durante la escena anterior ha permanecido entre curioso y sorprendido y que poco a poco ha ido perdiendo la paciencia, aguantándose).*—Muy agradecido... Pero háganme el favor de sentarse a ver si nos entendemos. *(Les indica asientos.)*

LANGARONE *(mirando regocijado al otro).*—¡Entendernos! ¿Oye usted, señor vicepresidente? ¡Pero si hemos nacido el uno para el otro!... Modestia aparte. *(Ambos sentados. Patricio de pie.)*

PATRICIO.—¿Puedo saber a quién tengo el honor...?

LANGARONE *(como quien da la solución de una adivinanza, levantando las cejas y esperando que su nombre produzca efecto).*—Langarone, Langarone, Teótimo Langarone. *(Viendo que Patricio se queda frío.)* Ya estará usted harto de ver mi retrato en las revistas del ramo...

MARTIRENA.—Algunas veces publican también el mío, en ausencia del presidente.

---

[29] *quiromante*: se dice del adivino que lee las líneas de la mano.

[30] Franklin Delano Roosevelt (1882-1945), presidente electo de los Estados Unidos durante tres períodos, uno de los artífices de la victoria aliada en la Segunda Guerra Mundial.

[31] *ínclito*: ilustre, esclarecido, afamado.

LANGARONE.—Y bien que se lo merece usted. (*Gesto modesto de Martirena.*)

PATRICIO (*gesto como diciendo: "¡Dios me dé paciencia!"*).—Pero, en definitiva, señores: ¿A qué debo...?

LANGARONE (*solemne y poniéndose de pie*).—Lo debe usted a sus propios méritos. Nuestra institución, fundada en el año 1905, y con personería jurídica desde la presidencia de don Victorino de la Plaza[32], ha resuelto en la última reunión de su comisión directiva, que tengo el honor de presidir, y que vicepreside mi estimado amigo aquí presente, ha resuelto nombrarlo a usted presidente honorario.

PATRICIO.—Permítame, por favor...

LANGARONE (*como el que se sabe un discurso de memoria y quiere soltarlo*).—El acto de su recepción será solemne. Un gran banquete en el Alvear Palace, para el que me he permitido trazar breves líneas (*saca un rollo y se dispone a leer*), que quiero anticiparle para su respuesta.

PATRICIO (*le saca el papel*).—Pero... ¿usted quién es?

LANGARONE.—¡Pero, señor, todo el mundo me conoce: el presidente del Club de Pescadores!

PATRICIO (*sin comprender*).—¿Y yo qué tengo que ver con ese club?

LANGARONE (*enternecido*).—Modesto, como los grandes de verdad. ¡No todos los días se pesca una sirena!

MARTIRENA.—¡Ni todos los años!... ¿Cuánto pesa?

PATRICIO (*se deja caer en un sillón con la cabeza entre las manos, cosa que aprovecha Langarone para tratar de leer el discurso. Se compone la voz, saca pecho, inicia un ademán, mientras Martirena lo mira con la boca abierta. Pero Patricio levanta la cabeza y lo ve y le quita los papeles. Este juego de quitarse los papeles debe repetirse tantas veces como resulte bien, pero naturalmente y sin violencia.*).—Señores, yo debería... (*los mira como pensando "darles de patadas"*), pero prefiero darles una explicación... Están ustedes en un error, la señorita Alga es mi prometida. Vamos a casarnos.

LANGARONE.—¡Oh, comprendo, comprendo!... ¡Adónde nos lleva el entusiasmo deportivo! ¡Yo, sin ir más lejos, cuando pesqué la corvina negra en Mar del Plata, la besé, señor!... ¡y en presencia de mi esposa!

PATRICIO (*violento*).—Caballeros, ésa es la puerta. (*Toma a cada uno de un brazo y los empuja hasta arrojarlos fuera de la escena por donde vinieron. Los otros, sorprendidos, no atinan a nada.*) ¡Fuera! (*Les arroja el discurso, que se deshoja, llenando la escena de papeles.*)

---

[32] Presidente de la Argentina desde 1914 hasta 1916.

MARCELO (*que durante la escena anterior ha asomado dos o tres veces la cabeza por la puerta de la derecha*).—Lo he oído todo. Ten paciencia y sé valiente. Si es difícil llevar por la vida un humilde amor sin que lo manchen los que pasan, cuánto más difícil no será defender un sueño del hocico de los pobres cerdos, que no tienen la culpa de no comprender; porque amar a una sirena, querido Patricio, es amar un sueño.

PATRICIO.—Un sueño que es realidad.

MARCELO.—Nada más real que los sueños, mientras soñamos.

PATRICIO (*pausa*).—Es que parece que toda la estupidez del mundo se hubiera conjurado contra mí, contra Alga, contra nuestro amor. Todos ven en ella al prodigio marino, y nadie tiene respeto por su condición de mujer.

MARCELO.—Y no debes culparlos demasiado. Mujeres hay muchas; sirenas, una sola, y lo que ella tiene de extraordinario aleja de sí los simples sentimientos humanos. La pobre Alga es, por más que te duela... una curiosidad. Los hombres estamos hechos de tal manera, que si alguien se encontrara en una noche de invierno a la luna muerta de frío sobre el umbral de una puerta, en lugar de llevarla a la Asistencia Pública, la conduciría al observatorio astronómico.

PATRICIO (*con amarga resignación, recoge el papel que tiró al principio del cuadro y se lo alarga*).—Entérate de la proposición que recibí hace un rato.

MARCELO (*leyendo*).—"Gran Empresa de Espectáculos... Muy señor nuestro: Deseando ofrecer al público de esta ciudad un espectáculo altamente moral para familias, hemos creído poder llegar a un acuerdo con usted, siempre que sus exigencias sean razonables, para presentar a la sirena en libertad dentro de una gran piscina de cristal, construida especialmente en el Luna Park. La sirena se comprometería a cantar ocho canciones de su repertorio por función, acompañada por orquesta. Para dar mayor animación al espectáculo, entre número y número de canto, actuaría el conjunto de focas amaestradas del capitán Harris..."

PATRICIO (*interrumpiéndolo muy indignado*).—¿Qué te parece? ¿No es grotesco?

MARCELO.—Sí, y muy desagradable.

PATRICIO.—Pero ¿no te indigna, no te exaspera... a ti, al poeta?

MARCELO.—No sería poeta si no fuera capaz de comprenderte a ti y a ellos. Tú estás enamorado de Alga, es decir, vives en una atmósfera de milagro constante, de perpetua maravilla. Amas a una sirena y eres amado por ella. Eres parte del prodigio y por eso lo encuentras natural. Pero los demás, los que ven desde afuera, miran la cola de la sirena con el mismo asombro con que se mira la cola de un cometa.

PATRICIO.—¿Así que tú encuentras justo que estos idiotas...?

MARCELO.—Ni justo ni injusto: lo encuentro natural. (*Margarita y Lía entran por la izquierda.*)

LÍA.—¡Ah!, ¿era usted, Marcelo? Oímos hablar y creímos que era la tía Jovita que venía a buscarnos. (*Lo acapara en primer término. Margarita y Patricio conversan en otro lado.*)

MARCELO.—La confusión me honra, porque tengo entendido que su tía Jovita es una santa.

LÍA.—Por lo menos no se pierde novena [33].

MARCELO.—Yo, en cambio, he perdido tantas...

LÍA.—Lo que va a perder es mi amistad. ¿Cuánto tiempo hace que me prometió escribirme un madrigal [34] en el abanico?

MARCELO.—Debió ser para el Centenario, que era cuando se usaban los abanicos... y los madrigales.

LÍA.—Para entonces yo no había nacido y usted no creo que supiera hacer más que palotes. Ahora vuelven a usarse los abanicos, y a mí me gustan tanto los madrigales... ¿Por qué no me escribe aunque sea uno de su último libro? Yo se lo puedo dictar. Me los sé todos de memoria.

MARCELO (*sonriendo, ahora con ternura*).—No, Lía, usted merece mucho más que un poema usado... Hace tiempo que quería decirle... pero no he encontrado la ocasión... el lugar propicio...

LÍA.—Aquella ventana me parece bastante propicia. (*Van hacia la ventana. Lía, aparte, con un suspiro.*) ¡Por fin! (*Se acomodan en la ventana y hablan en voz baja.*)

MARGARITA.—Alga insiste en la operación.

PATRICIO.—Pero ¿sabe ella lo que puede resultar? ¿Lo sabe alguien acaso?... Piensa en que si el doctor Núñez estuviera equivocado, si su cauda [35] no ocultara las piernas... Sería horrible.

MARGARITA.—No sé qué decirte... ¡Pero da tanta pena verla desear ser una mujer como todas! ¿Sabes lo que me ha pedido que le compre en secreto?

PATRICIO.—¿Qué?

---

[33] *novena*: ejercicio religioso que se practica durante nueve días.

[34] *madrigal*: composición poética en la que se expresa con ligereza y gracia un afecto o pensamiento delicado.

[35] *cauda*: cola.

MARGARITA.—Un par de zapatos para tenerlos debajo de la cama y hacerse la ilusión de que va a levantarse y a ponérselos. Hoy nos hizo bailar a Lía y a mí, y en una de las vueltas vi que se secaba una lágrima.

PATRICIO.—¡Pobre Alga!... Pero es absurdo; es como si un pájaro quisiera arrancarse las alas.

MARGARITA.—Si un pájaro estuviera enamorado de un ser sin alas, no dudes, Patricio, que se las arrancaría.

PATRICIO.—Pero si yo la quiero así, si yo la quise precisamente porque era distinta, porque era ella. No puedo imaginarla de otra manera.

MARGARITA.—Sí, te comprendo... La verdad es que cuanto más pienso, menos sé qué pensar... *(Entran por la derecha el doctor Núñez y el padre Custodio.)*

DOCTOR NÚÑEZ.—Pase usted, padre.

PADRE CUSTODIO.—Gracias, doctor *(Todos se acercan a saludar.)*

LÍA *(trayendo una silla de madera para el padre).*—Una silla dura, de las que a usted le gustan, padre. *(Aparte, al padre.)* ¡Se decidió Marcelo!

PADRE CUSTODIO.—Pues tendrás que venir a confesarte más a menudo.

DOCTOR NÚÑEZ *(explicando).*—Nos encontramos en la puerta con el padre Custodio. Y es la primera vez que entramos juntos a una casa. Siempre cuando él llega, yo tengo que retirarme. Y es un consuelo para mí dejar a mis clientes en tan buenas manos.

PADRE CUSTODIO.—Gracias, doctor, pero sospecho que ellos preferirían continuar sufriendo en las suyas. *(A Patricio)* Querido hijo, tengo que darte una mala noticia.

PATRICIO.—¡Cómo! ¿No consiguió la licencia?

PADRE CUSTODIO.—No, el obispo piensa que es un caso demasiado delicado para resolverlo él. ¡Bautizar y casar a una sirena! Creo que al principio dudó de que yo estuviera en mis cabales. Tuve que llevarle este diario para que se convenciera. *(Saca un diario, que Marcelo toma y lee:)*

MARCELO.—"La sirena es como las ballenas".

VARIOS.—¿Qué? ¿Cómo?

MARCELO *(que ha seguido leyendo y luego hace una pelota con el diario y lo tira).*—Nada, que es un mamífero y su respiración es pulmonar y no branquial [36].

PATRICIO.—¡Qué estupidez, Dios santo!

---

[36] *branquial*: relativo a las branquias, órganos respiratorios de muchos animales acuáticos.

PADRE CUSTODIO.—Pero no debes perder la esperanza, Patricio. Monseñor me ha prometido escribir hoy mismo a Roma consultando el caso. El destino de esa niña está ahora en manos de Su Santidad, y de ellas no puede venir más que el bien. *(Entra muy apurada la tía Jovita, por la derecha. Movimiento general para recibirla.)*

PATRICIO *(levantándose).*—Es tía Jovita.

TÍA JOVITA.—Por favor, no se mueva nadie. Recién termina la novena. Vengo apuradísima; como quien dice, con la última cuenta del rosario en la boca.

PADRE CUSTODIO.—¡Por favor, hija!

TÍA JOVITA.—¡Ay, perdón! *(Se persigna rápidamente.)* Jesús, María y José. ¿Qué?... ¿Hay consejo de familia?

PATRICIO.—Hablábamos de Alga...

TÍA JOVITA.—Pobre chica... ¡Cómo ha de extrañar el agua!... Cuando Lía era chiquita, se le ocurrió criar un patito marrueco en la azotea. Era una monada con su cabecita tornasol, y hasta comía en la mano y todo. Pero como no podía nadar a su anchas, se puso triste y se enfermó. Entonces lo llevamos al Zoológico. El mismo director con sus propias manos lo echó al lago, y había que verlo mover la colita y sacudirse de alegría.

MARGARITA.—¡Tía, por favor!

TÍA JOVITA *(viendo la cara seria y dolorida de Patricio).*—¡No, si ya me callo, hija! Desde que empecé a hablar estaba pensando en callarme.

PATRICIO *(con resignación).*—Alga está dispuesta a pasar por esa operación, doctor. ¿Usted sigue creyendo...?

DOCTOR NÚÑEZ.—En el rápido examen que hice de la paciente, creí comprobar la teoría que había formulado *a priori* [37]. La cauda no es más que un tegumento [38] escamoso que recubre las extremidades inferiores privándolas del movimiento normal. Es posible que dichas extremidades se encuentren atrofiadas [39], pero el ejercicio les devolverá su flexibilidad y resistencia. Se trata de un caso teratológico [40], que ha adquirido un aspecto verdaderamente sorprendente, lo admito, por el medio propicio en que se ha desarrollado. Pero no hay tal sirena, propiamente dicha. Ésas son

[37] *a priori*: 'por lo que precede', en latín. Se usa corrientemente en el sentido de "por anticipado", "de antemano".
[38] *tegumento*: tejido o membrana.
[39] *atrofiadas*: faltas de desarrollo.
[40] *teratológico*: referente a la teratología, estudio de las anomalías y monstruosidades de los seres vivos.

fantasías, muy poéticas, muy bonitas, pero reñidas con la realidad científica.

Tía Jovita.—Eso decía yo. Las sirenas no existen. Viene a ser como un antojo que tuvo la mamá, ¿no, doctor?

Doctor Núñez.—No precisamente, señorita... *(A Patricio.)* El examen de rayos desvanecerá las dudas que pudiera haber en contra de mi teoría. Cumplido este requisito, podemos ir a la intervención seguros del éxito.

Padre Custodio.—Eso lo resolvería todo...

Margarita.—Alga sería tan feliz entonces...

Patricio *(se levanta y se pasea tomándose la frente con las manos.).*—¡Todos, todos están en contra! La religión tiene dudas respecto a la condición humana de Alga; la ciencia no ve en ella más que un caso de mesa operatoria... Los demás, un motivo de curiosidad y de escándalo... Ella misma... Bien, doctor: disponga usted lo necesario. En usted confío.

Padre Custodio.—Y en Él. *(Señalando al cielo. Con las últimas palabras se habrán ido levantando de modo que queden solos en primer término Patricio y Marcelo.)*

Patricio *(desolado).*—Tú ves, Marcelo: he tenido que transigir [41] con esta bárbara mutilación.

Marcelo *(cariñosamente, poniéndole una mano en el hombro).*—Es triste, pero es así, Patricio. Los sueños no pueden vivir entre nosotros sino a costa de lamentables mutilaciones [42].

Telón

---

[41] *transigir*: consentir, permitir, tolerar.
[42] *mutilaciones*: cortes, tajadas, cercenamientos.

CUADRO II

Salita íntima de Alga. Decoración de tonos claros de gusto femenino.
A la izquierda, consola [43] de espejo antiguo con marco de porcelana
de colores. Al foro, gran ventana abierta por la que se ve la copa
de un árbol dorado por el otoño y el cielo de un día suave a las tres
de la tarde, y a la derecha de la ventana, un armonio [44] con
candelabros también de porcelana antigua. Butacas bajas
"capitonnées" [45], una "chaise-longue" [46]. A derecha e izquierda,
puertas bajas, y donde no estorbe, una victrola [47]. A la izquierda, y
en primer término, un caballete de pintor en que está clavada la cola
de la sirena, recortada en "lamé" [48] de plata. En medio de la escena,
dentro de un amplio círculo formado por pares de zapatos de todos
colores, Alga, sentada en el suelo, con los pies invisibles bajo el
largo y vaporoso vestido de casa, con la barbilla apoyada en el
puño, pasea una mirada perpleja[49] por el círculo de zapatos, no
sabiendo por cuáles decidirse, hasta que, señalando con el dedo a
medida que habla, y separando las sílabas como hacen los niños
para echar suertes en el juego, dice:)

ALGA.—Iba la luna descalza
corriendo detrás del sol.
Los cristales de la escarcha

43 *consola*: mesa hecha para estar arrimada a la pared y destinada a sostener adornos.
44 *armonio*: órgano pequeño, con aspecto de piano.
45 *capitonnées*: 'acolchadas', en francés.
46 *chaise longue*: 'sofá', en francés.
47 *victrola*: tocadiscos.
48 *lamé*: tela de lujo, brillante, de aspecto metálico.
49 *perpleja*: dudoso, incierto, irresoluto, confuso.

le daban mucho dolor.
¿Qué zapatito me pongo
para seguir a mi amor?
¿El de cristal, el de oro
o éste de negro charol?
¿Uno de seda morada,
o de raso tornasol?
¿O éste de color de rosa
y hebillas de corazón?
Salga el que la suerte quiera
y ése me calzaré yo,
que mis pies tan sólo valen
porque siguen a mi amor.

(*Toma el par en que recayó la suerte y, siempre sentada, se calza. Después se pone de pie y da unas vueltas en redondo en medio del círculo, y luego, subiéndose sobre una banqueta, se contempla arrobada el pie y la pierna en el espejo.*)

MUCAMA (*apareciendo en la puerta de la dercha, hace, al verla, un movimiento de cabeza, como diciendo "¡Hay que ver!", y luego anuncia*).—Señora, está don Belarmino, el zapatero.

ALGA (*bajando de un salto, con pueril alegría*).—¿Don Belarmino? ¡Que pase, que pase!

DON BELARMINO (*entrando*).—Buenas tardes, señora. (*Reparando en los zapatos del suelo.*) Tiene usted más zapatos que yo. Ni aunque viviera cien años, que se lo deseo, tendría tiempo de gastarlos todos.

ALGA.—Pues ya ve, lo he mandado a llamar, don Belarmino, porque quiero que me haga otro par.

DON BELARMINO.—Precisamente, he recibido unos de cuero de Rusia, tan suaves y perfumados, que es como calzarse dos rosas. Pero cuero de Rusia del bueno, del tiempo de los zares, porque el que viene ahora, ¿sabe usted?, tiene un color rojizo muy desagradable.

ALGA.—Mañana mismo iré a probármelos. Deben de ser muy lindos.

DON BELARMINO.—¿Lindos? ¡Una joya, señora, una obra de arte! Pero no necesita molestarse la señora. Yo se los mandaré.

ALGA.—No, don Belarmino, a mí me gusta ir a la zapatería. ¡Se está tan bien entre todas aquellas cajas!... Ahora quería que viera si se podrían hacer unos zapatos con esta piel. (*Indicando la de su cauda.*)

DON BELARMINO (*pasa los dedos con voluptuosidad de artista y de conocedor por la piel*).—¡Qué maravilla! ¿De qué es?

ALGA (con indiferencia).—De sirena.

PATRICIO (que ha entrado, deja un paquete sobre una silla y sorprende el final del diálogo).—Es un regalo, don Belarmino. (Seña a Alga para que se calle.)

DON BELARMINO.—Buenas tardes, señor. La señora me mandó a llamar...

PATRICIO.—Sí, sí, ya sé. La señora irá mañana por su casa.

DON BELARMINO.—Bueno, me retiro, siempre a sus órdenes, señora. Buenas tardes, señor. (Se va muy reverencioso.)

ALGA (le echa los brazos al cuello y lo besa. Con mimo).—¿Por qué lo echaste? ¿Estás celoso de don Belarmino?

PATRICIO (riendo).—Debería estarlo. Estoy seguro de que si alguna vez me engañas, será con un zapatero. Pero dime, ¿no sabes que después de tu operación tuve que luchar contra toda la Facultad de Medicina para salvar esto de la curiosidad científica y del museo? Esto es parte de ti misma, Alga, y un recuerdo tan valioso para mí... Es el testimonio del milagro que eres tú, algo así como tu título de sirena.

ALGA (con resentimiento).—Parece que te preocupan mucho las sirenas.

PATRICIO.—¡Alga!

ALGA.—No te hagas el escandalizado. Yo sé muy bien lo que quiero decir. La quieres más a ella, a la que fui, que a mí, a la que soy ahora.

PATRICIO.—No sé como podría separar a la una de la otra.

ALGA.—Pues ya ves, el doctor Núñez con un simple tajo separó en mí a la .mujer del monstruo, convirtiéndome en un ser normal.

PATRICIO.—¡Oh la normalidad de los médicos! Si por ellos fuera, le habrían cambiado el cerebro a Rubén Darío [50] por el de Perogrullo [51] en nombre de la normalidad. Pero, por suerte, tú nunca serás una mujer corriente. El filo del bisturí no pudo llegarte al alma; en el fondo eres tan sirena como antes. Al menos para mí serás siempre la hija del mar, la ondina [52] prodigiosa, mi Alga querida. (La besa con pasión.)

ALGA.—La hija del mar... No, Patricio, la hija del mar es sólo un fantasma que se desvaneció en una mesa de operaciones, donde nací a la vida sobre estos pies que tanto quiero, porque me acercan a ti. (Transición.) No puedes imaginarte tú, que los tienes desde que

---

[50] Escritor nicaragüense (1867-1916), figura representativa y la más destacada del movimiento literario llamado modernismo.

[51] perogrullada: verdad que por notoriamente sabida es estupidez o simpleza el decirla. (A Pero Grullo, personaje imaginario cuya existencia se supone real, se atribuye la invención de las perogrulladas. Frase proverbial: "las verdades de Perogrullo, que a la mano cerrada llamaba puño".)

[52] ondina: ninfa, ser fantástico o espíritu elemental del agua, según algunas mitologías.

69

naciste, lo que significa para mí tener pies, poder caminar, subir escaleras, correr, bailar. Los pies son para mí un prodigio tan maravilloso como lo era para ustedes mi cauda de sirena... A veces, cuando nadie me ve, me paso horas muertas contemplándolos, contándome los dedos, mirando los juegos de la luz en el rosado de las uñas... Muchas mañanas, mientrás tú duermes, me escapo al jardín y paseo descalza por los caminos húmedos de rocío, y siento que las fuerzas oscuras de la tierra me penetran lentamente, subiéndome por las piernas la savia terrestre de que tú te has nutrido, haciéndome más de los tuyos, más de tu raza, y cada día mi piel es más parecida a la tuya. Después, cuando vuelvo a tu lado y te despiertas y me posees, siento que cada vez estoy más cerca de ti, que soy más tuya. Amo a mis pies, Patricio, porque ellos me permiten caminar a tu lado, empinarme sobre sus puntas para alcanzar tu boca. *(Lo besa.)*

PATRICIO.—¡Oh, Alga, cuánto te quiero!

ALGA *(con coquetería).*—¿A mí o a la sirena?

PATRICIO.—A ti, Alga. Y para que veas, te he traído un regalo que a la otra no le serviría de nada. *(Toma la caja que ha dejado sobre la silla y se la entrega.)* Adivina lo que es.

ALGA *(con alegría infantil).*—¡Ya sé: un par de zapatos! *(Los saca, y quitándose los que lleva, se los pone y da unos pasos, mirándose las puntas de los pies.)* ¡Qué lindo es caminar mirándose las puntas de los zapatos nuevos! ¿A ti no te gusta?

PATRICIO *(riendo).*—Me gustaba mucho cuando era chico...

ALGA *(corre a la victrola y pone un vals de Strauss [53]).*—Ven, vamos a bautizarlos. *(Bailan. Cuando está por terminar el vals, entra Lía, puerta de la derecha y, volviéndose al exterior de donde vino, dice:)*

LÍA.—Puedes entrar, no estaban más que bailando. ¡Y yo que me esperaba sorprender una escena de amor!... *(Marcelo entra y la pareja suspende el baile.)*

ALGA.—¡Lía, querida!... Marcelo, ¿cómo está?

MARCELO.—Encantado. *(A Patricio.)* ¿Dando una lección de baile?

PATRICIO.—Tomándola, mejor dicho. Alga es ya una bailarina consumada. Es sorprendente, en seis meses...

LÍA.—¡Seis meses ya de matrimonio y de amor!... Nosotros, en cambio,

---

53 *Johann Strauss* (1825-1899) es el más célebre de los varios compositores austríacos del mismo apellido, autor de valses famosos como El Danubio azul, Voces de primavera, Vals del emperador, Cuentos de los bosques de Viena.

recién estamos en los anillos... Eso pasa por enamorarse de un poeta. Necesita para casarse que le den el premio nacional. ¡Ah!, pero ya lo tengo resuelto: me arrojaré a los pies de los jurados y les diré que si no quieren ver morir soltera a una musa argentina tienen que darle el premio. (*Todos ríen.*) Claro, él no tiene apuro porque se toma grandes anticipos... Y a propósito, Alga, acompáñame a peinarme, porque hemos venido solos en el auto. (*Todos ríen.*)

ALGA (*tomándola cariñosamente de la cintura*).—Vamos, loca. (*Mutis por izquierda. Patricio y Marcelo siguen con la mirada a las dos jóvenes, y una vez que han desaparecido:*)

PATRICIO.—Dime, Marcelo, la verdad, ¿cómo encuentras a Alga?

MARCELO (*encendiendo un cigarrillo, distraído*).—Encantadora, como siempre.

PATRICIO.—Sí, claro... Pero... ¿no notas en ella nada que te choque?

MARCELO (*prestando ahora gran atención*).—¿Que me choque?... No... Me parece, eso sí, que está un poco más delgada, un poco más pálida este último tiempo.

PATRICIO (*preocupado*).—No, no es eso lo que me preocupa. Ya la ha visto el doctor Núñez, e insiste en que el cambio ha sido demasiado brusco y que Alga necesita baños de mar. Resulta un poco grotesco, ¿verdad?, prescribir baños de mar a una sirena.

MARCELO.—Es que Alga ya no es una sirena...

PATRICIO (*con angustia*).—¡Ah! ¿Lo habías notado tú también?

MARCELO.—Patricio, no te entiendo... o te entiendo demasiado...

PATRICIO.—Sí, Marcelo. Alga ya no es la misma. Ustedes no lo notan, pero yo, que vivo pendiente de sus menores gestos, de sus medias palabras, compruebo cada día, y es inútil que trate de engañarme, que a medida que pasa el tiempo y se afirma en la tierra, se va borrando el alma de la sirena y va naciendo en ella otra alma, un alma... ¿cómo te diré?... parecida a las demás... un alma...

MARCELO.—Un alma que te quiere tanto como la otra.

PATRICIO.—Sí, pero ya no es aquélla... ¿comprendes?

MARCELO (*que puede ver la puerta de la izquierda, por la que vuelven Alga y Lía, hace un gesto de silencio*).—¡Calla!

ALGA (*recelosa*).—¿De qué hablaban?

PATRICIO.—Le contaba a Marcelo que ya está de regreso el Capitán, y que ha prometido venir a verte. (*Ojeada al reloj pulsera.*) Ya no debe tardar.

LÍA.—¡Ah! ¿Saben quién ha vuelto también? Gloria. Esta noche le hacen una recepción triunfal en el centro aeronaútico. Parece que ese vuelo por encima del Tibet [54] ha sido algo extraordinario. ¡Quién lo hubiera pensado! Ella, tan tímida que temblaba como una hoja cuando yo apretaba un poco el acelerador del automóvil, volando sola por encima de las montañas más altas del mundo. De golpe se le despertó esa vocación suicida por la aviación de alto vuelo.

PATRICIO *(a pesar suyo con inquietud).*—¿Suicida?

LÍA.—Es un decir... *(Por la ventana abierta asoma la cabeza alegre y barbuda del Capitán).*

CAPITÁN.—¿Hay una copa de ron para un viejo pirata en desgracia?

PATRICIO *(con gran efusión le tiende los brazos).*—¡Oh, Capitán! *(corriendo a la ventana.)*

ALGA *(dando un paso).*—Capitán... *(Lía le sonríe y Marcelo también. Pero el Capitán ha desaparecido de la ventana y aparece en seguida en la puerta de la derecha y entra. Trae en la mano una sombrilla envuelta en papel de seda.)*

CAPITÁN *(abrazando a Patricio).*—Mis felicitaciones, aunque un poco tarde. *(Se desprende y toma las manos de Alga. Le habla con gran ternura.)* ¡Hija mía!

ALGA *(emocionada).*—¡Capitán!...

PATRICIO.—Está de más que lo presente, capitán, pues usted es uno de mis temas de conversación... Mi prima Lía... *(Apretón cordial.)* Marcelo Lerena, un gran poeta... *(Franco apretón.)*

CAPITÁN *(desenvolviendo la sombrilla y presentándosela abierta a Alga).*—Robada para usted en el Yoshiwara [55].

ALGA.—¡Es preciosa! Gracias, capitán. *(La hace girar ante sus ojos.)*

CAPITÁN *(galante, a Lía).*—De haber sabido que estaba usted aquí...

LÍA.—¡Oh!, muchas gracias. Pero yo no necesito sombrillas... dicen que tengo muy buena sombra... A ver, Alga. *(Se apodera de la sombrilla y coquetea con ella ante el espejo.)*

CAPITÁN.—Tengo una sorpresa. *(Mira con cara de pícaro a la ventana. En el jardín se oye cantar al son del acordeón:)*

VOZ. — Despierta, niña del agua,
a la luz de la mañana;
despierta, flor de la espuma;
despierta, flor de las algas.
Despierta, niña del agua.

---

[54] Gran meseta de Asia en el Sudoeste de China. Constituye una depresión de altitud media rodeada de altas montañas.

[55] Barrio del placer en Tokio, capital del Japón.

(*Los tripulantes, con Pietro a la cabeza tocando el acordeón, pasarán cantando debajo de la ventana, y precedidos por Tao, que canta también, entrarán por la puerta de la derecha. Repetirán dos veces la copla, una en la forma dicha y otra ya en escena*)

PATRICIO.—¡Cuánto les agradezco! ¡Qué alegría! (*Da la mano a unos, palmea a otros.*)

ALGA (*con una mirada significativa a Patricio*).—¿Me reconocen?... Espero que ustedes no encuentren muy desagradable el cambio... ¿Verdad?

LUCAS (*admirativamente*).—¡Oh, señora!... (*Murmullos de admiración entre los demás.*)

CAPITÁN.—Yo soy el responsable de este abordaje... Tenían tantas ganas de verla...

NEGRO (*adelantándose tímidamente y sacando de debajo del saco una botella como de medio litro envuelta en papel verde*).—Señora, le he traído este regalo... (*Le alarga la botella a Alga, quien la toma y desenvuelve.*)

ALGA (*alegremente*).—A ver, a ver. ¿Tiene un barco dentro? (*Con sorpresa.*) ¡Está vacía! (*Todos fijan las miradas interrogativas en el Negro.*)

NEGRO.—No está vacía. Adentro hay un diablo del mar... Mi abuela de la Martinica lo cazó en una noche de tormenta sobre la cresta de una ola, y lo encerró en la botella. Mientras el diablo esté prisionero, a la persona que lo tenga no le podrá venir ningún daño del mar. Mi abuela me lo regaló contra los naufragios, y mire, niña, con esta botella en la mano se puede pasear entre los tiburones como si fueran gatitos... y no ahogarse nunca...

LÍA.—¿Y si se escapa?

NEGRO.—No puede escaparse, niña; está bien tapada... (*A Patricio, Marcelo y el Capitán, que miran la botella al trasluz*). No se lo puede ver... Sólo cuando está muy enojado hay como una niebla. Pero no hay que hacerle caso, porque no puede salir.

LÍA (*aprensiva*).—¿Tú crees, Alga?

ALGA (*aparte, encogiéndose de hombros*).—Tonterías de gente supersticiosa...

LÍA (*a Patricio, que con aire preocupado va a poner la botella sobre la consola y pasa por su lado*).—¿Y tú crees, Patricio?

PATRICIO.—Quién sabe...

LÍA.—¡Qué cambio el de tu marido! Antes de conocerte no creía ni en Dios y ahora cree hasta en diablos embotellados.

CAPITÁN (al Negro).—Debiste pedirme permiso para traer eso. (El Negro baja la cabeza.)

PIETRO (dando vueltas a la gorra).—Señora Alga, nosotros queríamos pedirle un favor...

ALGA.—Sí, lo que sea, Pietro.

PIETRO (tímidamente).—Queríamos pedirle que cantara (Voces de los tripulantes.) Sí, señora. Sea buena.

ALGA.—¡No, no! (Con horror. Después se rehace y cambia de tono.) Hace tiempo que no canto... Desde que me operaron...

PATRICIO.—Alga, tú sabes cuánto he deseado volverte a oír, pero no quería forzarte con mi insistencia... Pero ahora que te lo piden estos amigos...

CAPITÁN (a Alga).—Yo les había prometido durante el viaje...

LÍA.—Sí, Alga.

MARCELO.—Sí, Alga.

ALGA (pasa por los presentes una mirada de angustia y, como quien se arroja al agua en un naufragio, cruza la escena y se sienta al armonio. Comienza a tocar suavemente, levanta la cabeza como para cantar y de pronto, con un grito desgarrador).—¡No puedo, Patricio, no puedo! (Con la cabeza entre los brazos sobre el armonio solloza espasmódicamente.)

PATRICIO.—¡Oh!, no te preocupes, no llores... Hace tanto que no cantas, que es natural que ahora...

ALGA (abrazándose desesperadamente a Patricio).—No, no es eso... Hace tiempo que lo sospechaba y no quería hacer la prueba para no convencerme. ¡Patricio! Es como si en la operación me hubieran cortado la raíz del canto. (Rompe a llorar sobre el pecho de Patricio.)

TELÓN RÁPIDO

ACTO III

CUADRO I

Terraza de un hotel en una ciudad balnearia. A la derecha, fachada del edificio, formada por una rotonda de cristales de colores y puerta que entra unos dos o tres metros de la escena y a la que se llega por tres escalones. Al foro la escena está limitada en toda su extensión por un murallón de un metro al que se sube por tres gradas que lo recorren en toda su extensión, pudiendo bajarse del mismo modo a lo que se supone el mar. Cubriendo las tres cuartas partes de la escena, frente al edificio, un toldo de anchas franjas de colores. Algunas mesitas y sillones de paja bajo el toldo y en primer término otra con un sofá y dos sillones. Al fondo, cielo y mar en un hermoso día de verano a las once de la mañana. Violento contraste de sombra y sol. Sentados a la mesa del primer término Marcelo y el capitán.

MARCELO *(haciendo ademán de llamar a un mozo que cruza la escena).* —¿Tomamos otro, capitán?

CAPITÁN.—Yo no, gracias. En tierra bebo muy poco. No es mi elemento y no me siento en caja [56]; me marean los pisos que no se mueven.

MARCELO.—Pues pronto va a tener usted piso movible para rato, según creo. ¿Siempre parten mañana?

CAPITÁN.—Y a primera hora. Los sabios que han fletado mi viejo cascarón están impacientes por encontrar la oruga de sus sueños. Se trata de un curioso bicharraco, un gusano de seda, que según parece vive en ciertas islas de la Polinesia y que produce seda del color de la luz bajo la que se encuentra. Si está bajo una luz azul, hila seda

---

[56] *en caja*: habituado, cómodo.

azul, si bajo una luz roja, seda roja... Mis sabios llevan cien faroles de colores para los experimentos.

MARCELO.—Será un hermoso viaje, y deseo que sus entomólogos[57] tengan éxito en la cacería.

CAPITÁN *(con vaga melancolía)*.—Lo tengan o no, los gusanos de seda, al menos, no serán para mí un motivo de remordimiento... He venido a despedirme de Alga, y quiera Dios que a mi regreso...

MARCELO.—¡Oh, Capitán!... No sea usted pesimista. Hemos ganado la primera batalla consiguiendo que viniera a tomar los baños de mar.

CAPITÁN.—¿Confía usted sinceramente en la eficacia de las sales de yodo para el mal de Alga? ¿Sabe usted cuál es ese mal?

MARCELO.—Sí, y no confío en el mar como el doctor Núñez, sino por otras razones... En este ambiente es posible que Patricio encuentre en su esposa a la sirena que cree haber perdido; el mar que se la dio una vez se la puede devolver.

CAPITÁN.—El mar, amigo mío, sólo devuelve los restos de los naufragios... Quiera Dios que por esta vez sea de otro modo. *(Lía y Alga aparecen en la escalinata del hotel y vienen hacia ellos. Vienen en malla, cubiertas por elegantes capas de playa. Alga trae la sombrilla que le regaló el Capitán. Ambos se levantan. Capitán a Alga.)* ¿Cómo estás, hija mía?

ALGA.—Muy bien. *(Sonríe sin alegría.)*

CAPITÁN.—A usted, señora, no se lo pregunto, porque basta verla.

LÍA.—Gracias, Capitán. Si me divorcio, ya sabe usted que tiene el primer turno. Usted es un lobo galante... no como otros. *(Por Marcelo)*

MARCELO *(ríe)*.—¡Pero Lía, si te he dejado hace cinco minutos!...

LÍA.—Pero me he cambiado de vestido. *(Da una vuelta en redondo abriendo la capa.)* Y una luna de miel tiene que ser una luna de miel sostenida, o no es nada. *(Marcelo le pasa el brazo por la cintura y conversando en voz baja se alejan hacia el fondo de la escena.)*

ALGA.—Siento tanto que se vaya mañana, capitán...

CAPITÁN.—Hija, qué le hemos de hacer... Yo también siento dejarte, más de lo que tú crees.

ALGA.—Estoy tan sola... A su lado, en cambio, me siento acompañada, protegida...

CAPITÁN *(emocionado, pero tratando de echarlo a broma)*. —Naturalmente. Tú eres una hija del mar aclimatada en la tierra y yo un hijo de la tierra criado en el mar, y así venimos a ser un poco parientes... Pero no seas tonta, en la vida pasan cosas... hay pequeños

---

[57] *entomólogos*: estudiosos de la parte de la zoología que trata de los insectos.

desencuentros... La tierra es así, pero no es mala; nos permite hasta que bailemos encima. ¡Ánimo, muchacha! ¡Un poco de alegría!

ALGA.—Nadie pisó la tierra con pies más alegres que yo... y ya ve adónde me han llevado.

CAPITÁN (*muy emocionado, pero fingiendo, mintiendo*).—Recuerda, Alga, que cuando subiste por primera vez a mi barco nos revelaste que tenías un gran conocimiento del mundo y del corazón humano adquirido en las novelas de los naufragio. Tú sabes muy bien que las novelas son el reflejo fiel de la vida. ¿Y qué pasa en las buenas novelas?... Pasa que, cuando la niña abandonada va a entrar de monja o a casarse con el repugnante banquero, llega el príncipe enamorado y se arroja a sus pies.

ALGA (*con triste sonrisa*).—Pero el príncipe no llega esta vez... (*Mira hacia el hotel. Transición. Impaciente.*) ¡Lía!

LÍA (*que está muy amartelada* [58] *y hasta besándose con Marcelo en el fondo de la escena*).—¡Hija, me has asustado! (*Viene corriendo, seguida a paso normal por Marcelo.*) ¿Qué hay?

ALGA.—Vamos al mar.

LÍA.—Pero...

ALGA.—Vamos, Lía, se hace tarde.

LÍA.—Pero ¿no estabas tan empeñada en que te acompañara Patricio la primera vez que entraras en el mar?

ALGA (*mirada desesperada hacia la casa*).—No hablemos más de eso. Patricio tiene cosas más importantes que hacer. (*Última mirada y echa a andar hacia la playa.*) ¿Vienes?

LÍA.—Naturalmente que voy en cuanto me despida. (*A Marcelo, bajo el toldo.*) Dame un beso, ligero. (*Marcelo la besa.*) ¡Ay, qué frío sale a la sombra! (*Tomándolo de la mano y arrastrándolo fuera de la protección del toldo.*) Dame uno como la gente, al sol. (*La besa. Lía echa a correr detrás de Alga, que ya ha salido por la izquierda.*) ¡Alga, Alga, espérame! (*Marcelo regresa a reunirse con el Capitán, quien, de pie junto a la mesa, golpea con los nudillos la tabla, mirando hacia el hotel con ceño fruncido. Marcelo se cruza en el camino con Gloria, que viene del hotel vestida también como para el baño.*)

GLORIA (*agradablemente sorprendida*).—¡Oh, Marcelo! No esperaba encontrarlo aquí. (*Le da la mano.*)

MARCELO.—Ni yo tampoco a usted. ¿Cuándo ha llegado?

---

[58] *amartelada*: que demuestra un gran enamoramiento.

GLORIA.—Al amanecer. Vinimos en auto con mamá. ¿Y Lía?

MARCELO.—¡Oh!, siempre muy bien. Pronto regresará del baño y va a tener un alegrón al verla. *(Se han ido acercando a la mesa.)*

GLORIA.—Todos los días estaba por escribirle para agradecerle los versos que me dedicó por mi último vuelo. ¡Son magníficos!

MARCELO.—Eso quisiera yo para estar a la altura a la que usted vuela. ¿Conoce usted al Capitán?

GLORIA.—Nos conocimos en casa de Patricio. Encantada de verlo, Capitán. ¿Cómo está su ahijada? *(Se ha sentado como para charlar largo rato.)*

CAPITÁN.—Alga y Patricio están aquí.

GLORIA *(con disimulado sobresalto).*—¿Aquí?

CAPITAN.—Por eso me encuentra usted: he venido a despedirme.

MARCELO *(por Patricio, que desciende la escalinata con un envoltorio en la mano y vestido de playa, pero no de baño).*—Ahí lo tenemos a Patricio.

CAPITÁN *(volviéndose bruscamente).*—Patricio, Alga se ha ido al mar sin usted.

PATRICIO.—¡Ah!, sí; ya voy. *(Reparando en Gloria.)* ¡Gloria, tú aquí!

GLORIA *(sin responder a su efusividad).*—Me despedía en este momento.

PATRICIO.—No, ni sueñes que te voy a dejar ir así, después de tanto tiempo. *(Al Capitán)* Usted se embarca mañana, Capitán, ¿no es así?

CAPITÁN.—Así es.

PATRICIO.—¿Siempre está el Negro a bordo?

CAPITÁN.—Sí, ¿por qué?

PATRICIO.—Quería pedirle un favor. *(Dejando la botella envuelta sobre la mesa.)* Llévele su demonio de mar. Dígale cualquier cosa, pero que se lo quede. Es una ridiculez, ¿verdad?, pero prefiero no tenerlo... Alga misma, que aparenta ser tan desaprensiva [59], creyó la otra noche ver dentro de la famosa niebla. Naturalmente que después ella misma lanzó la teoría de que era el humo de mi cigarrillo... Pero yo no fumaba en ese momento y también lo vi... o creí verlo, que para el caso es lo mismo.

GLORIA.—Curiosa historia. Aunque uno no crea, no puede dejar de sentir cierta aprensión y cierta atracción. *(Tomando la botella y mirándola al trasluz.)* Yo no veo nada.

PATRICIO.—Ni verás. *(Tiende la mano para tomar la botella y entre los dos la dejan caer al suelo, donde se hace añicos.)*

---

[59] *desaprensiva:* sin recelo, desconfianza o temor.

PATRICIO *(impresionado)*.—¡Caramba! *(El Capitán hace un gesto de disgusto.)*

GLORIA *(mirando consternada los pedazos en el suelo)*.—Fué mía la culpa.

CAPITÁN.—No se lo diga a Alga. Se impresionaría.

MARCELO *(llamando a un mozo que anda entre las otras mesas)*.—Mozo, ¿quiere hacer el favor de barrer aquí?

MOZO.—Sí, señor, en seguida. *(Se va y vuelve rápidamente con un pequeño escobillón y una pala y recoge con cuidado los vidrios rotos. Durante la operación todos quedan en silencio y preocupados. Desaparece el mozo por la derecha. De la izquierda, lejana, llega la voz de Lía.)*

LÍA.—¡Socorro! ¡Socorro!

TODOS CON UN SOLO GRITO.—¡Alga! ¡Alga! *(Corren hacia la izquierda, y del hotel salen el mozo y alguna otra persona que corre detrás de ellos. Mutis.)*

TELÓN

CUADRO II

La misma decoración del cuadro anterior. Pero ahora el toldo está descorrido y apenas si queda un poco de sol en el mar. Marcelo, sentado a la misma mesa y vestido como para la tarde, fuma aburrido frente a un aperitivo, mirando de cuando en cuando hacia la puerta del hotel. Discreto movimiento de veraneantes que entran o salen. En alguna mesa apartada puede haber gente. Lía sale del hotel y viene a reunirse con Marcelo. Trae en la mano una sombrilla cerrada.

MARCELO.—¿Cómo se encuentra Alga?

LÍA.—Perfectamente bien, vistiéndose para la noche. La he dejado un momento para venir a preguntarte una cosa importante. ¿Me quieres todavía?

MARCELO *(afectando grandes dudas).*—Espera, déjame pensarlo.

LÍA.—Pensado no vale.

MARCELO (con ternura).—¡Tonta! *(La toma de la mano y la hace sentar a su lado en el mismo sofá.)* ¿Quieres tomar un cóctel?

LÍA.—No, todavía me duran los nervios del susto de esta mañana... No puedes imaginarte lo horrible que fue... Íbamos de la mano corriendo hacia una ola enorme; cuando la teníamos encima, agaché la cabeza y cerré los ojos, como hago siempre, y cuando los volví a abrir y busqué a Alga, la vi con una cara espantosa de angustia, agitando los brazos. Nunca podré olvidar... Si hubiera habido gente en la playa, estoy segura de que habría reaccionado y la habría podido ayudar, pero la playa estaba tan horriblemente sola y me dio tanto miedo, que no atiné más que a gritar... Si no es por ustedes...

MARCELO.—Nosotros no hicimos nada; cuando nos dimos cuenta de lo que ocurría, ya Gloria regresaba trayéndola en brazos.

LÍA.—Y yo, que estaba tan cerca, no atiné a tenderle la mano... ¿Sabes?... Me pasó una cosa muy extraña. Aunque lo estaba viendo, no podía figurarme que Alga no supiera nadar... Resulta tan absurdo... Pensé en un monstruo marino... en algo misterioso... y *(se estremece)* todavía me dura el susto... Dame un beso que me voy.

MARCELO *(rápida mirada hacia atrás)*.—Nos van a ver, Lía.

LÍA *(abriendo la sombrilla e interponiéndola entre ellos y los que están atrás)*.—Todo está previsto. *(Se besan.)*

MARCELO *(por Patricio, que llega en ese momento por la izquierda y los ve)*.—Menos lo imprevisto. *(Ríen. A Patricio)* ¿Se fue ya el Capitán?

PATRICIO.—Sí, acabo de dejarlo en la estación *(Se sienta y mira hacia el hotel.)*

LÍA *(levantándose)*.—Me vuelvo con Alga... ¿No vienes a verla, Patricio?

PATRICIO.—Sí... dentro de un momento.

LÍA.—Bueno, hasta luego. *(Inicia la ida, pero se da vuelta.)* No hablen mucho, miren que esta noche son los fuegos artificiales y hay que tener la voz descansada para poder hacer correctamente ¡ahaaaah!... *(Se va corriendo alegremente.)*

PATRICIO *(después de una pausa en la que mira con gran interés hacia el hotel, y con afectada indiferencia)*.—¿No anduvo Gloria por aquí?

MARCELO *(con sorpresa)*.—¿Gloria? No, no la he visto.

PATRICIO.—¿Por qué empleas ese tono para contestarme? Te hago una pregunta sencilla y te asombras. ¿Qué piensas?

MARCELO.—Nada... Pensaba en Alga, que ha estado a punto de morir ahogada... y oír el nombre de Gloria me sorprendió... así, al pronto.

PATRICIO.—Pues no debía sorprenderte. Nada más natural que si Gloria le salvó la vida exponiendo la suya quiera agradecérselo... ¡Y en qué forma lo hizo!... Fue magnífico cuando mientras todos estábamos aturdidos, sin atinar a nada, se lanzó al mar desde el murallón... Parecía un rayo de oro cayendo en el agua. Jamás he visto nadar tan ligero; cortaba el agua como un *nautilus* [60]... y cuando ya había conseguido poner a la pobre Alga a flote y, levantando el pecho y el brazo nos gritó ¡Salvada!, parecía la dueña del mar... una sirena triunfante.

MARCELO.—¡Una sirena, Patricio! *(Con extrañeza.)*

PATRICIO *(dándose cuenta de que se ha vendido)*.—¡Qué quieres, Mar-

---

[60] *nautilus*: 'nautilo', en latín. Molusco que cuando nada en la superficie del agua semeja una barca.

celo! No me atormentes tú también. *(Queda un momento con la cabeza entre las manos.)*

MARCELO *(poniéndole una mano en el hombro)*.—Vuelve en ti, Patricio.

PATRICIO *(con amargura)*.—¡Que vuelva en mí!... ¿Y sabes tú lo que encontraría? *(Transición.)* Yo quise a Alga tal como era, tal como la conocí, diferente a todas, única y maravillosa, y era feliz con mi locura y la amé contra todo, defendiendo su sueño y el mío de los que querían despertarnos... Tú eres testigo... Pero las voces de todos llegaban suaves y sinuosas como serpientes y decían: sé razonable, vuelve en ti. Déjanos hacer; nosotros haremos de un mito viviente una mujer con la que puedas casarte como Dios manda y a la que puedas llevar del brazo por la calle... Ella misma, deslumbrada por las luces de la tierra, quiso ser como las demás mujeres... y fui débil y cedí... y la he perdido... ¿Sabes tú lo que queda de Alga?

MARCELO.—No te olvides, Patricio, que fue por ti por quien renunció a ser lo que era.

PATRICIO.—¡Oh, no temas!, mi agradecimiento está intacto... Pero es lo único que puedo darle... Una mala farsa, una parodia [61] fría del amor... Si yo te contara... *(Pausa.)* De noche, cuando, apasionada y temblorosa se me ofrece, limpia y pura en la naturalidad del amor, por más esfuerzos que hago para ver en ella, a la que fue y a la que quería con igual pasión e igual limpieza, no lo consigo y la siento como a una mujer desconocida, como a una mujerzuela que el acaso [62] arrojó a mi cama. Es horrible, Marcelo, es degradante... Sin ella saberlo, cada uno de mis besos es una ofensa. *(Se oprime la frente con las manos. Pausa.)* ¿Comprendes ahora?

MARCELO *(gravemente)*.—Sí, comprendo.

PATRICIO *(con un arranque desesperado)*.—¿Sabes lo que sentí esta mañana, cuando estuvo a punto de morir ahogada?... Es monstruoso: sentí lo grotesco de la situación, lo ridículo de una sirena que no sabe nadar... Y así, poco a poco, día a día, hoy un detalle, mañana otro, es como he visto caer a pedazos mi gran sueño... Y he luchado, ¡oh!, cuánto he luchado por defenderlo contra ella misma, que se empeñaba, ciega, sin comprender lo que pasaba dentro de mí, en acercárseme por un camino que no era el suyo, y cada paso que daba por ese camino la alejaba más de mí... Ahora, hasta el nombre de Alga me parece que no le corresponde... Ya ves adónde hemos venido a parar.

[61] *parodia*: imitación burlesca de una cosa seria.
[62] *el acaso*: la casualidad.

MARCELO.—¡Pobre Alga!...
PATRICIO.—Sí, ¡pobre Alga! Es también lo único que puedo decir... ¡y
es tan poca cosa!...

TELÓN

CUADRO III

El mismo escenario. Del edificio del hotel, brillantemente iluminado, llega la música de una orquesta. Al fondo, el cielo muy oscuro y en la terraza pocas luces. Al levantarse el telón están Obrero 1º y Obrero 2º, el primero en las gradas que conducen al mar, de espaldas, y el otro sentado con visible desenfado en un sillón en primer término y fumando un cigarro de hoja con gran ostentación.

Obrero 1º.—¡Qué bravo que está el mar!... Y qué noche más oscura... Parece como si quisiera llover.

Obrero 2º.—Mal negocio. *(Mirando al cielo.)* ¿A qué hora te dijeron que había que prender los fuegos?

Obrero 1º.—A las doce, más o menos, en el primer descanso del baile... Con tal que el agua nos dé tiempo. *(Se acerca. Suena lejanísimo un trueno, vago y sordo.)* ¿Oíste?

Obrero 2º.—Y a vos ¿qué te importa? Total, ya están pagos.

Obrero 1º.—Eso sí... Pero siempre es mejor que las cosas resulten bien... Me acuerdo de una vez que fui a llevar unos fuegos para la víspera de un Veinticinco de Mayo a San Fernando [63]. Habíamos preparado un escudo argentino como de cuatro metros, y en lo mejor que empezó a arder, va y llueve y se quedaron justo las dos manos sin quemar. Y al otro día, el intendente largó una oración patriótica, que le llaman, y comentando dijo que era tal la unión del pueblo argentino que ni el fuego podía destruir las manos que se están dando, y en eso van y le tapan un ojo de una pedrada. ¡Se armó una de patadas!...

---

[63] Localidad situada a 28 kilómetros al norte de la ciudad de Buenos Aires.

Obrero 2º.—Está bueno. (*Ríe.*)

Obrero 1º (*preocupado*).—¿Fuiste a ver, como te dije, si todo estaba bien?

Obrero 2º.—Sí, al cisne se le había torcido un ala, pero ya la arreglé... Lo que me parece es que pusiste la sirena muy cerca del agua, y si llega a salpicar fuerte...

Obrero 1º.—No te aflijas... Andando bien la rueda final, se quedan contentos.

Obrero 2º.—Naturalmente. (*Como quien acepta un axioma* [64].)

Mozo (*saliendo del hotel*).—Oigan, dice el gerente que se vayan preparando para encender los fuegos, que ya es la hora.

Obrero 1º.—Está muy bien. ¿Vamos?

Obrero 2º (*al mozo*).—Che, ¿no tenés otro de éstos? (*Por el cigarro.*)

Mozo.—No, y que no lo vaya a pillar el gerente.

Obrero 2º (*encogiéndose de hombros*).—¿Y a mí qué me va a hacer?... (*Mutis de obreros por la izquierda. Y del mozo por la derecha. Salen del hotel, en animado grupo, Alga, Lía, Patricio, Marcelo y la mamá de Gloria. Las mujeres, con vestido de baile; los hombres, de smoking negro. Alga, la mamá y Patricio llegan los primeros y quedan alrededor de los sillones, de pie. La señora se sienta.*)

Alga.—Es una lástima que Gloria no pueda gozar del espectáculo... Van a quemar una sirena.

La Mamá.—Dice que le duele la cabeza... (*Patricio permanece callado, fumando.*)

Lía (*pellizcándole el brazo a Marcelo*).—¡Como vuelvas a bailar con esa negra! ¡Vas a ver si soy Lía o lío! ¡A mí con vampiresas de cine nacional! ¡Habría que verlo!

Marcelo.—¡Pero, hija, no podía ser grosero!...

Lía.—Un hombre enamorado es naturalmente grosero con todas las demás mujeres. (*Se reúnen al grupo.*)

Mozo (*saliendo del hotel*).—Si los señores no tienen inconveniente, vamos a apagar las luces para que se vean mejor los fuegos. Ya van a empezar...

Lía.—¡Vamos, vamos, que no quiero perder ni una chispa!

Patricio.—Alga, ¿de verdad no tienes frío? ¿No quieres que te vaya a buscar un abrigo?

Alga.—No, me siento muy bien así. Dame el brazo. (*Triste y cariñosa.*)

Patricio.—Bueno, siempre tendré tiempo para venírtelo a buscar si re-

---

[64]   *axioma*: principio, sentencia, proposición tan clara y evidente que no necesita demostración.

fresca. (*Mutis de todos por la izquierda. Cuando todos hayan salido se apagarán las luces de la terraza, quedando la escena iluminada por la que sale del hotel, que iluminará sólo el medio de la escena, dejando lo demás en penumbra. Un instante la escena sola, y poco después aparece Gloria, sencillamente vestida de modo que se vea que no ha estado en el baile. Mira como para cerciorarse de que no hay nadie y después se dirige a la escalinata del mar, sube y se queda un momento mirando a la lejanía, después viene hacia el primer término y se sienta en el sofá. Aspecto de gran preocupación. Apoya la frente en la mano. Poco después, Patricio aparece por izquierda y se le acerca sin que lo note.*) ¡Gloria!*

GLORIA (*sobresaltada*).—¡Ah!...

PATRICIO.—Desde esta mañana que quiero hablarte.

GLORIA (*visiblemente incómoda*).—¿Por qué no lo has hecho? Dos veces hemos estado juntos, antes y después del accidente.

PATRICIO.—Sí, delante de todos... Y lo que yo quería decirte...

GLORIA (*interrumpiéndolo*).—Nada puedes decirme que no puedan oír los demás. Dispensa, pero tengo que irme. (*Hace ademán de irse.*)

PATRICIO (*con energía*).—¡No, no te irás sin escucharme! Todo el día me has huido. Inventaste un pretexto para no venir a la mesa. No lo niegues. ¿Crees que soy ciego?

GLORIA.—No lo niego. Sé lo que me vas a decir y no quiero oírlo. Eso es todo.

PATRICIO.—No, no es eso todo: no quieres oírme porque no podrías responderme más que una cosa. (*La toma de las muñecas.*)

GLORIA (*desesperada*).—¡No, no, es mentira! ¡No te quiero, Patricio! ¡Déjame, déjame! (*Logra desasirse.*) Ya lo has oído. (*Pugnando por aguantar los sollozos.*) ¿Ves qué fácil era de decir?

PATRICIO.—No, Gloria, no ha sido nada fácil: has gritado una mentira para que no se te escapara la verdad, la que los dos sabemos. Te quiero, y me quieres... Cuando me lo confesaste aquel día en mi casa, no le di importancia, fue como si me cayera en el alma una hoja de rosa, pero poco a poco se fue convirtiendo en una brasa.

GLORIA.—Mi confesión fue involuntaria: tú lo sabes. Me salió como salen las lágrimas.

PATRICIO.—¿Y crees tú que es mi voluntad la que habla ahora? ¿Crees tú que yo también no he luchado?

GLORIA.—Sigamos luchando, Patricio. (*Con desfallecimiento.*)

PATRICIO.—¿Para qué? ¿A quién beneficiaría nuestro sacrificio?... Ya sé lo que vas a decirme... Por ella no siento más que compasión, y no quiero seguir ofendiéndola y humillándola con mi lástima. *(Pausa larga. Gloria solloza. Patricio queda un instante con la cabeza entre las manos. Se oye, a lo lejos, el estampido amortiguado de los fuegos artificiales. Un cohete de luces pálidas cae por el fondo de la escena, en el mar)* ¿Sabes adónde fui el otro día? A la quinta de San Isidro; allí está el granado: las frutas entreabiertas parecen bocas que te llaman: ¡Gloria, ven, ven! *(Le aparta las manos de los ojos y la besa en la boca con pasión. Ella, ya vencida, le echa los brazos al cuello y le devuelve el beso.)*

GLORIA.—¡Oh, Patricio! *(Después queda con la cabeza escondida en el pecho de él.)*

PATRICIO *(manteniéndola abrazada).*—No puedes imaginarte lo que he sufrido en estos últimos tiempos... Cuando se hablaba de tus locos vuelos, pensaba con angustia en que mi ceguera y mi incomprensión eran las que te habían arrojado al aire peligroso... Y hasta llegué a temer que voluntariamente...

GLORIA.—Y pensaste bien... Muchas veces, sola y perdida en la altura, miraba la tierra y me decía: "¿Qué tengo que hacer yo allí?" ¡Si toda la tierra no es más que un apeadero para mi tristeza!... Y lo pensaba con la mano en la palanca; bastaba un movimiento, un leve movimiento, hecho como sin querer, cerrar los ojos... y todo habría terminado en un montón de hierros destrozados... No sé cómo no lo hice... Creo que la mano del ángel de la guarda estuvo siempre aferrada a mi muñeca.

PATRICIO.—Mi pobre Gloria... Júrame que no volverás a volar.

GLORIA.—Ahora ya no hay peligro. Por alto que suba, tu cariño me sostendrá como el tallo sostiene a la flor que crece... Pero te juro no volar más. ¿Qué necesidad tengo de otra altura que no seas tú? *(Vuelve a echarle los brazos al cuello y se besan en la boca. Alga, llegando por la izquierda, lanza un grito al verlos y se tapa los ojos con las manos. Gloria y Patricio se desprenden e instintivamente se separan un par de pasos. Gloria, sobrecogida.)* ¡Alga!

PATRICIO *(igual).*—¡Tú!

ALGA *(da unos pasos, desorientada, pasándose los dedos por la frente y apoyándose en las mesas y el respaldo de las sillas. Hablará lentamente, como si las palabras le fueran llegando de muy lejos.).*—No sé por qué me sorprendo... esto tenía que suceder... *(A Gloria.)* Tú u otra, lo mismo da... *(Reaccionando de su pasividad y como dándose cuenta de algo.)* ¡Oh, tú, tú! ¿Por qué me salvaste esta mañana? ¡Por qué no me dejaste morir engañada, al menos!... Sí, comprendo por qué lo hiciste. Eres noble, tienes un corazón generoso, y así eres más digna de ser amada... ¿O es que le disputaste al mar su presa porque necesitabas este dolor mío para ser feliz?

GLORIA.—Escúchame, Alga. Lo amo tanto como tú, más que tú, porque supe guardar ese amor sin esperanza durante muchos años. Y te juro por su vida que yo no he querido esto. En cuanto supe que estaban ustedes aquí, decidí volver a la ciudad; por no encontrarme a solas con él me he pasado la tarde y la noche encerrada en mi habitación. Hace un momento, cuando la fatalidad nos reunió, quise huir... He cumplido con mi deber hasta donde me han alcanzado las fuerzas... Tú eres mujer y puedes comprenderlo.

ALGA.—Sí, y cuanto más larga es la resistencia, cuantos más méritos se hacen ante la conciencia, se entra después con más tranquilidad en la traición. ¡Ya se ha cumplido!...

PATRICIO (*quiere ir hacia ella, pero un gesto de Alga lo contiene*).—Alga, lo que dice Gloria es verdad; yo te explicaré...

ALGA.—No, Patricio, darle una explicación a quien ha perdido un gran amor es como conformar con una manzana al que esperaba que le dieran una luna... No me expliques nada, todo me lo he explicado hace tiempo, mientras dormías a mi lado y te sentía tan lejos como si estuvieras en el fondo del mar... Yo abandoné mi mundo por el tuyo, renuncié a ser sirena por ti; a un ser extraordinario y brillante que te deslumbraba preferí ser a tu lado una pequeña sombra amante, una sombra que crecía o se achicaba según la luz que tú le prestases... y no debo quejarme de lo que hoy me pasa; nadie se cuida de no pisotear su sombra... Tarde he comprendido que lo que amabas en mí era mi cauda de plata, mi prestigio de mito marino... Fui para ti como esos fuegos de artificio; ya estoy apagada y vuelves los ojos hacia otras luces. (*A Gloria, que llora silenciosamente.*) Y tú no llores, que ya tendrás que llorar después, cuando te hayas cortado las alas para estar a su altura, como hice yo con mi cauda, y entonces le des lástima porque seas tan pequeña como él...

PATRICIO.—Es muy posible que sea verdad lo que dices. Pero no olvides que fuiste tú quien lo quiso, no olvides que yo me opuse, que nunca quise que dejaras de ser como eras.

ALGA (*con profunda tristeza*).—Sí, Patricio, lo sé, pero... ¿no comprendes qué humillante era para mí que me amaras por unas escamas de plata y no por mi alma de mujer?... ¡Jugué mi partida y la he perdido! Sólo me resta pagar ahora. Y el pago es bien duro, pero mucho menos que esta desilusión... *(Corre hacia el mar tres o cuatro pasos.)* ¡Padre, padre, perdóname! *(Cae de rodillas con la cara entre las manos. Levantándose como sonámbula.)* Y en la tierra no hay sitio para mí, mi tierra eres tú, Patricio... Y el cielo está vacío... el agua del bautismo resbaló por mi alma de sirena como resbalaba el agua del mar por mi piel... *(Se ha ido acercando a las gradas y subido un escalón. Trueno lejano, sopla el viento del mar.)* ¡Padre, padre, perdóname! ¡Ya he sido terriblemente castigada! *(Sigue subiendo y dirá las últimas palabras, ya sobre el murallón, descendiendo rápidamente por el lado del mar.)* ¡Padre, padre, perdóname!

TELÓN RÁPIDO

PROPUESTAS DE TRABAJO

1. El 6 de octubre de 1968 el diario *La Nación* publicó un reportaje de Josefina Crosa a Conrado Nalé Roxlo. Iba acompañado de fotografías a cargo de Higinio González. Texto y fotos son los que siguen.

Hizo falta la obtención de un importante premio, el de la Fundación Sixto Pondal Ríos, para que Conrado Nalé Roxlo se decidiera a romper su cáscara de reserva. Y después se lamenta de que el periodismo lo tenía olvidado... Pero quizá era su propia autenticidad la que le exigía apartarse de fáciles exhibicionismos literarios para trabajar a gusto, leer o charlar con sus renovados amigos:

—Soy el mejor amigo del mundo y, por supuesto, el más consecuente —declara Nalé—. Pero los amigos, como todo lo demás, a veces se gastan y hay que cambiarlos por otros nuevos.

Para quienes lo conocen poco, sus gestos nerviosos y sus frases incisivas obligan a pensar en una suerte de defensa de su intimidad, en una postura contra el asedio.

De vez en cuando, sin embargo, abandona la indiferencia y confiesa, por ejemplo, que este premio tiene para él un significado doblemente emotivo porque proviene del que fue un gran amigo y un excelente poeta:

—Lo que más me impresionó fue la muerte de Pondal Ríos, sólo una semana después de entregado el premio. Pero sigue siendo milagroso que un poeta rico se acordara de premiar con una importante suma a los poetas pobres.

Una nueva energía parece surgir de Nalé Roxlo, un renovado entusiasmo por su obra. Ya hace cuarenta años de su "música porque sí, música vana / como la vana música del grillo", pero él sigue fiel a esa premisa, es decir, a su poesía.

Y a la multiplicidad de su prosa, en la que teatro y cuento se topan a veces con el aporte feliz del humor de Chamico.

—La gente habla mucho de la separación entre el poeta y el humorista. No hay tal separación: son distintos enfoques hechos por la misma cámara y, quizá, lo más logrado sea aquello donde lo poético y lo humorístico se confunden al extremo de no admitir separación alguna.

—¿Por ejemplo?

—Entre otros, mi cuento "El cuervo del Arca"...

Podríamos encontrar otros ejemplos, como su obra teatral *Una viuda difícil*, o esos libros firmados por Chamico (*Mi pueblo*, *La medicina vista de reojo*) donde la poesía aparece hasta en cada uno de los rincones del humor.

Pero Nalé prefiere, ahora que tiene el premio y se siente feliz, hablarnos del futuro:

—Muy pronto aparecerá mi libro de cuentos fantásticos *Las puertas del Purgatorio*. El cuento que da origen al título fue premiado en 1956 por la Dirección Nacional de Cultura.

—Díganos algo sobre el resto del libro...

—Mejor que lo digan los lectores, si es que todavía me queda alguno.

—¿Qué va a hacer con la plata del premio?

—Espero que Chamico me ayude a gastarla... Lo tengo que compensar por todo lo que él me ayudó en la vida. Puede decirse que casi siempre viví a expensas suyas.

—¿Su libro preferido?

—*Tirano Banderas*, de Valle-Inclán, repetidamente leído y subrayado.

—¿A qué escritor argentino le daría usted el Premio Nobel?

—A mí, por supuesto. Es a quien más falta le hace...

Entretanto, Nalé Roxlo trabaja en la acostumbrada disciplina que le ha dado indiscutible prestigio dentro y fuera del país. Prepara otra serie de su *Antología apócrifa* y está terminando su borrador de *Memorias*, que saldrá en breve. ¿Y el teatro? Cuando sienta la necesidad de hacerlo lo hará, sin duda, como también escribirá otros bellos sonetos y delicados temas para niños, como los de *La escuela de las Hadas...*

Nada en Nalé es preconcebido. Su destino de poeta lo realiza con fluidez y urgida espontaneidad. Un cauce límpido donde no caben distorsiones literarias. Solamente toda la poesía comprometida con la poesía.

a) Rastrear en la CRONOLOGÍA todas las referencias a acontecimientos, personas y publicaciones que aparecen nombrados en el artículo y las fotografías.

b) Explicar quién es *Chamico* y dónde aparece en las respuestas, citado expresamente o en forma encubierta.

Banquete después del estreno de La cola de la sirena. *Nalé, acompañado de Norah Lange y Amado Villar.*

Padre primerizo en 1927 y abuelo, también primerizo,
treinta años después.

2. Una viñeta de Fontanarrosa publicada hace muchos años en la revista cordobesa *Hortensia* plantea el problema; una minificción de Héctor Sandro aparecida en el número 3 de *El Francotirador Literario* de marzo de 1992, nos sorprende con la inesperada resolución de una situación semejante.

lo espantoso, lo terrible, lo difícil de aceptar es que tras pasarme toda una vida de mar aguardando, soñando encontrar una sirena como tú, debo comprender ahora que lo nuestro es sexualmente imposible

Todo depende de la astucia

El marinero dijo: "Me subyugas,
me apasionas, me enloqueces.
¿Cómo hago para poder amarte?".
"Pues muy fácil", contestó la
sirena. Y corriendo el cierre de
la cremallera se bajó la ceñida
cola de escamas.

a) Proponer un minicuento que tenga en cuenta las características del ave Fénix, pájaro fabuloso que los antiguos creyeron que era único y que renacía de sus cenizas. Buscar la sorpresa final.

b) Realizar un cuento brevísimo que tenga en cuenta a los cíclopes, seres mitológicos con un solo ojo en la frente. Para ello, aprovechar algunas de las expresiones que siguen, pero sin considerar el sentido figurado (que anotamos entre paréntesis), sino estrictamente lo que dicen. El asombro surgirá de este último infrecuente uso.

Costar una cosa *un ojo de la cara* (ser alto o excesivo el precio).
No saber uno *dónde tiene los ojos* (ser ignorante o inhábil en cosas claras y simples).
¡Ojo! (interjección para llamar la atención sobre algo).

3. El nombre de *Alga*, explica Nalé, es corriente en el mar (ver INTRODUCCIÓN). Aparte de las bromas (*Belarmino* es una referencia a la novela de Ramón Pérez de Ayala, *Belarmino y Apolonio*), otros nombres que aparecen en la obra rozan lo religioso, como *Pedro, Miguel y Lucas*, o hacen pensar en dignidad, jerarquía: así, *Patricio*.

a) Descripción imaginaria a partir de la sugerencia del nombre, por asociación con el sonido o el significado: *Silvina, Marina, Angélica, Félix, Leonel, Baldomero*. (El escritor chileno Vicente Huidobro relaciona *Clarisa* con clara risa; *Marcelo* con mar y cielo).

b) Dar un nombre y describir el producto de la siguiente receta imaginada por el escritor francés Pierre Kalfon, autor del libro *Argentine*, Hachette, 1971.

RECETA PARA FABRICAR UN ARGENTINO MEDIO

Tomar por orden: una mujer india de caderas anchas
dos caballeros españoles
tres gauchos muy mestizos, un viajero inglés,
medio ovejero vasco
y una pizca de esclavo negro.

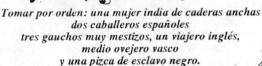

Dejar a fuego lento durante tres siglos.

Antes de servir, agregar de golpe 5 campesinos italianos (del Sur) un judío polaco (o alemán, o ruso), un tendero gallego, tres cuartos de mercachifle libanés y también una prostituta francesa entera.

Dejar reposar sólo cincuenta años.

Luego, servir amoldado y engominado.

4. En el capítulo 13 de *El libro de la sexualidad*, provisto por entregas al lector en el suplemento dominical del diario español *El País* en 1992, figura el texto que sigue, "La naturaleza del amor", en el que Robert J. Sternberg expone las características del amor según su punto de vista.

Mi *teoría triangular del amor* tiene tres elementos: intimidad, pasión y compromiso.

La *intimidad* consiste en el sentimiento de proximidad, de comunicación y de vinculación existente en una relación. ¿Cómo puede uno saber si experimenta realmente un sentimiento de confianza e intimidad hacia su pareja? He aquí las claves. Investiguemos si:

1-Deseamos promover el bienestar de la otra persona.

2-Somos felices compartiendo experiencias con la otra persona.

3-Sentimos preocupación por la otra persona.

4-Deseamos estar allí cuando lo necesita.

5-Notamos una conexión emocional con la otra persona: estamos en la misma onda.

6-Ansiamos darle apoyo emocional.

7-Nos comunicamos con la otra persona en niveles profundos.

8-Reconocemos el gran valor que tiene la otra persona en nuestra vida.

La *pasión* es la fuerza motriz de la aventura amorosa y de la atracción física y emocional. ¿Sentimos pasión por nuestra pareja? He aquí las claves para averiguarlo:

1-Experimentamos sentimientos románticos hacia nuestra pareja.

2-Nuestra pareja nos atrae físicamente.

3-Sentimos deseos intensos de estar con nuestra pareja.

4-Alcanzamos pleno goce y satisfacción sexual con nuestra pareja.

5-Nuestra pareja nos excita física y emocionalmente.

6-Nos resulta estimulante el simple hecho de ver a nuestra pareja.

7-Nos parece inimaginable que otra persona pueda hacernos igualmente felices.

8-Nos sorprendemos a veces idealizando a nuestra pareja.

El *compromiso* es la decisión que tomamos de amar a alguien y el esfuerzo que hacemos para mantener dicho amor. Existen algunas claves que sirven para evaluar el grado de compromiso con nuestra pareja:

1-Nos damos cuenta de que sentimos por nuestra pareja una clase especial de amor.

2-Deseamos simbolizar o articular nuestro amor de forma concreta.

3-Vemos nuestro amor como algo más que una fantasía pasajera.

4-Nos sentimos comprometidos a mantener la relación durante mucho tiempo.

5-No toleramos que se pongan obstáculos a nuestro amor perdurable.

6-No toleramos que los demás se interpongan entre nosotros.

7-Experimentamos un fuerte sentimiento de responsabilidad por el bienestar del otro.

8-Somos incapaces de imaginar que nuestra relación pueda tener fin.

En general, cada miembro de la pareja suele experimentar alguna combinación de estos tres elementos (intimidad, pasión y compromiso) hacia el otro. Esas combinaciones generan diferentes clases de amor.

a) Tarea grupal. Verificar qué predomina en Alga y qué en Patricio: la intimidad, la pasión o el compromiso, *antes de la boda*. Adjudicar un punto a cada respuesta afirmativa.

b) De acuerdo con los resultados obtenidos, justificar las conductas de Alga y de Patricio *después de la boda*.

EL PACTO DE CRISTINA

Drama en tres actos

PERSONAJES

CRISTINA
GERARDO
MAESE JAIME (El Diablo)
RIMBALDO (El Juglar)
MADRE FLORIDA (Vieja Celestina)
SYLANORA (Bruja)
CIEGO

JERÓNIMO
ANDRÉS } Soldados

GINEBRA
GLADIA } Tres mujeres jóvenes que han vendido
MOLINERA } su alma al diablo.

ROSALÍA
AMARANTO
POBRES, ALDEANOS, SIRVIENTES

Esta obra fue estrenada el 4 de mayo de 1945 en el teatro Presidente Alvear, de Buenos Aires.

ACTO I

CUADRO I

Frente de una posada [1] de la Edad Media del que parte un viejo parral que cubre las tres cuartas partes de la escena. Junto a la puerta, un tonel de vino y, en primer término, una mesa y bancos. A ambos lados, dos casuchas de equívoco aspecto.
Andrés y Jerónimo, dos soldados, a un extremo de la mesa, comen y beben. Rimbaldo, desde el otro extremo, los contempla codiciosamente.

ANDRÉS *(levantando la copa).* — ¡A tu salud, Jerónimo!
JERÓNIMO *(chocando la suya).* — ¡A la tuya, muchacho!
MADRE FLORIDA *(sale de la casucha de la derecha, y después de saludar a los soldados, husmea curiosa en interior de la posada).* — Buen provecho, mozos.
SYLANORA *(sale y mira inquisitivamente al interior de la posada, pero, al reparar en la Madre Florida):* — ¿Qué andas buscando por aquí, rata de alcoba?
MADRE FLORIDA. — ¡Lo que a ti no te importa, tizón [2] del infierno!
SYLANORA. — Hueles a ungüentos podridos. ¡Puah!
MADRE FLORIDA. — Y tú a azufre, *vade retro* [3].
SYLANORA. — Cuidado, no te deslome [4] algún padre o algún marido...

---

[1] *posada*: mesón, venta, hostería; lugar donde se da de comer y también alojamiento a quien lo paga.
[2] *tizón*: palo a medio quemar.
[3] *vade retro*: 'retrocede`, en latín. Expresión que se emplea para rechazar a una persona, y en especial, al diablo.
[4] *deslome*: maltrate los lomos, las costillas.

MADRE FLORIDA.—Y a ti no te eche mano el Santo Oficio [5]... si te caes de la escoba, ¡bruja!

SYLANORA.—¡Momia de Cupido! [6] (*Los soldados ríen, y ambas mujeres, reparando en que las escuchan, se lanzan una última mirada de desprecio y desafío y vuelven a meterse en sus casas.*)

JERÓNIMO.—¡Buena pareja!

ANDRÉS.—¡Para el infierno!

RIMBALDO.—Siempre andan revoloteando por aquí, como dos abejorros sobre una rosa... ¿No me pagáis un jarro?

JERÓNIMO.—¿De este vino?

RIMBALDO.—Claro.

JERÓNIMO.—No es claro; es tinto.

RIMBALDO (*tiende la mano al jarro*).—¿A ver?...

JERÓNIMO (*retirándolo*).—¡No te tientes, san cuerno!

RIMBALDO.—¡Es el santo al que reza tu mujer!... Pero no disputemos entre compañeros de armas.

ANDRÉS.—¿Desde cuándo son compañeros un laúd [7] mal templado y una buena espada?

RIMBALDO.—Ya que hablaste de tentación, si me pagas un jarro de vino te contaré la milésima tentación de San Antonio. Cuando el santo estaba en el desierto, todos los días un cuervo le llevaba un pan en el pico. Los cuervos de entonces no eran como los de ahora, flacos, duros y fétidos [8]; eran aves regordetas y sabrosas como las gallinas. El diablo, que en vano lo había tentado desde el cerebro, desde el corazón y desde la sangre, se le metió en el estómago y comenzó a atormentarlo desde allí. Puede mucho el diablo cuando tienta desde el estómago.

ANDRÉS.—Tú debes saberlo...

RIMBALDO.—Le decía: Antonio, ya debes de estar harto de pan seco, por más celestial que sea; retuércele el pescuezo al cuervo y cómetelo. ¿Te lo imaginas, Antonio querido, dando vueltas en el asador y goteando grasa dorada?... ¡Maldito demonio!, gritaba el santo, y se daba golpes en el estómago. Pero como era su propio estómago, no podía pegar muy fuerte. Y el diablo seguía allí, agazapado y seductor, hablando de las yerbas aromáticas con que sazonar la

---

[5] *Santo Oficio*: Inquisición, tribunales eclesiásticos establecidos durante la Edad Media para descubrir y castigar los delitos contra la fe.

[6] *Momia de Cupido*: alusiones a la vejez y al dios romano del amor sensual; equivale a vieja alcahueta (intermediaria en amores ilícitos).

[7] *laúd*: instrumento musical de cuerda.

[8] *fétidos*: hediondos, que arrojan en sí mal olor.

delicada carne del cuervo, de la salsa en que mojar el pan que él mismo le traía... Hasta que el santo sintió hacérsele agua la boca y que en esa agua se disolvía su entereza, y diciendo ¡hoy me lo como!, se puso a juntar leña para preparar un buen fuego, que sería el fuego de su propio infierno. Por fin apareció el cuervo en el horizonte, volando y volando... (*Hace una pausa de narrador profesional, calculando el interés de los soldados; interés que se ha ido despertando poco a poco.*)

ANDRÉS.—¿Y se lo comió?

RIMBALDO.—No, porque también vino volando y volando la Santísima Virgen en forma de golondrina y rozó con sus alas al cuervo, que se volvió negro, flaco, correoso [9], pestilente [10] e incomible, como es ahora, y el santo se salvó.

JERÓNIMO.—¡Buena la hizo la Señora Virgen, echar a perder un ave tan sabrosa!

ANDRÉS.—¡Linda historia!

JERÓNIMO.—Tan linda, que me siento tentado de darle un jarro de vino y un trozo de cerdo.

RIMBALDO.—¡Trae acá!

JERÓNIMO.—Pero yo, como el santo, sé resistir mis tentaciones.

ANDRÉS.—¿Ves? Para que aprendas a no rimar en tus coplas soldado con asno.

RIMBALDO.—Necesidades propias del oficio. Al pueblo le gusta.

JERÓNIMO.—Pues pasa ahora las necesidades propias de tu oficio.

RIMBALDO.—Malos tiempos corren si los soldados se hartan y los poetas ayunan. Ya no hay moral ni decencia.

ANDRÉS.—Tanta razón te sobra como dinero te falta. Se van perdiendo todas las buenas costumbres. Con decirte que tres veces intenté abrazar a la moza de esta posada y las tres tuve que tragarme los besos. No sé dónde vamos a ir a parar si la inmoralidad cunde [11] hasta el extremo de que una moza de posada se permita rechazar a un soldado.

JERÓNIMO (*ríe*).—¿Qué? ¿Te dio con el cántaro en la cabeza?

ANDRÉS.—Eso no me hubiera contenido, que no sería la primera vez que hago el amor con la cabeza rota. Lo que pasa es que mira de un modo que uno se desanima y acaba por bajar los brazos como una doncella.

JERÓNIMO.—Lo que pasa es que te faltan barbas para acometer la empre-

---

[9] *correoso*: difícil de masticar por tener la consistencia de una correa de cuero.

[10] *pestilente*: que da mal olor.

[11] *cunde*: se extiende, se propaga hacia todas partes.

sa. Eres un palurdo [12] y te asustas porque es la hija del amo. Ya verás cómo yo no me detengo aunque me mire con los ojos de la catedral.

ANDRÉS.—¿Qué apostamos a que no la abrazas?

JERÓNIMO.—Una vuelta de vino.

RIMBALDO.—Para los tres.

JERÓNIMO.—Sea, que ya llevas bastante en la picota [13]. *(Golpeando la mesa.)* ¡Cristina! *(Se para, se arregla la barba y se coloca en actitud conquistadora, guiñando el ojo a los demás.)*

CRISTINA *(sale de la posada).*—¿Llamaron?

JERÓNIMO *(meloso).*—¿Por qué no te acercas?... ¿Tienes miedo, paloma?

CRISTINA.—¿Miedo? ¿De qué habría de tener miedo? *(Se acerca a Jerónimo y lo mira limpiamente. Él inicia un ademán como para abrazarla, pero se contiene y, bajando los ojos, pide humildemente.)*

JERÓNIMO.—¿Quieres traernos tres jarros de vino?

CRISTINA *(recogiendo los jarros de la mesa).*—Sí, en seguida. *(Entra en la casa.)*

JERÓNIMO.—Daría mi parte del botín que tomaremos a los infieles por saber qué diablos tiene esa muchacha.

ANDRÉS.—Cuando yo intenté abrazarla fue como si los brazos se me volvieran de arena y se me deshicieran a lo largo del cuerpo.

JERÓNIMO.—Cosa del diablo parece.

MAESE JAIME *(cruza la escena de derecha a izquierda y saluda al pasar con una inclinación de cabeza a Cristina, que vuelve trayendo los vasos).*—Buenas tardes, hija mía.

CRISTINA.—Buenas tardes, maese [14] Jaime. *(A los soldados, sirviéndoles el vino.)* ¿Qué tal era el vino?

ANDRÉS.—Como de misa.

CRISTINA.—Pues éste es de un tonel nuevo, y dicen que es mejor.

JERÓNIMO.—Será entonces como el de las misas que se cantan en el cielo. *(Cristina se va sonriendo.)* Nunca me pasó cosa parecida con una muchacha.

RIMBALDO.—Lo que pasa es que no tenéis experiencia.

ANDRÉS.—¿La tuya te serviría para abrazarla? Prueba.

RIMBALDO.—No; me sirve para no intentarlo siquiera. Escuchad ahora: un amigo mío que era ladrón...

JERÓNIMO.—¿Por qué no dices francamente que el ladrón eras tú?

---

[12] *palurdo*: hombre tosco y grosero.

[13] *picota*: columna de piedra que había a la entrada de algunos lugares, donde exponían las cabezas de los ajusticiados o los reos a la vergüenza pública.

[14] *maese*: maestro (forma anticuada de tratamiento).

RIMBALDO.—Porque desde que os he visto robar a vosotros me ha entrado asco por el oficio... Mi amigo entró una noche en la iglesia para robar las joyas de la Virgen.

ANDRÉS.—Es un gran pecado.

RIMBALDO.—¡Qué podía importarle! Estaba excomulgado y hambriento. La iglesia estaba casi a oscuras; sólo unas luces en el altar iluminaban las joyas que resplandecían sobre el manto de la Virgen. Tendió las manos, que tenía heladas de frío y de hambre... pero no las tocó. Una tibieza suave y poderosa que bajaba de lo alto le envolvió las manos como un rayo de sol. Su alma seguía hosca, fría y dura, pero, ¿cómo explicarlo? Bajo la mirada de la Santísima Virgen sus manos se juntaron y rezaron, ellas solas, sin que él pronunciara una palabra... Contemplándolas le parecía ver desde muy lejos un niño arrodillado que rezaba por él... Por fin las manos lo arrastraron y cayó de hinojos[15] pidiendo perdón... *(Transición [16].)* Con el cuerpo de esta muchacha pasa lo mismo que con las joyas sagradas: la claridad de sus ojos doma los oscuros deseos. Por eso no podéis abrazarla.

JERÓNIMO.—Hablas como un predicador, y hasta serías un ladrón estimable si no fuera por tus malditas coplas.

CIEGO *(llegando por la derecha).*—Una caridad para un pobre ciego.

ANDRÉS *(alargándole un jarro).*—Toma, abuelo.

CIEGO.—Gracias, soldado. Más falta le hace al triste el vino que el pan.

ANDRÉS.—¿Cómo sabes que soy soldado?

RIMBALDO.—Ve sin duda por los agujeros de la capa.

CIEGO.—Bien hablaste sin saber lo que decías. Muchas cosas se ven por los agujeros de las capas. Y el que nunca la llevó desgarrada no pudo ver la crueldad ni la caridad del mundo.

ANDRÉS.—Y a mí, ¿por qué agujero me viste?

CIEGO.—No te vi. Pero las profesiones no sólo dejan la marca en las manos, sino también en la voz; en la de los soldados se junta la costumbre de la obediencia con el deseo de mando, y eso las hace desparejas, ásperas por momentos y quedas y opacas en otros; son como una tabla a medio cepillar. Cuando seas alférez cambiarás de voz. Será entonces más alta y más franca. Será la voz de quien cuando habla no necesita escuchar la respuesta. *(A Cristina, que aparece en la puerta de la posada.)* Acércate, Cristina. *(A los soldados.)* Ella no necesita hablar para que yo la conozca. Su mirada la precede como una suave aurora, hasta para mí, que soy ciego.

---

[15] *de hinojos*: de rodillas.
[16] *Transición*: acción y efecto de pasar de un modo de ser o estar a otro distinto.

CRISTINA.—No, abuelo; lo que te pasa conmigo es que soy la última persona que viste, según dicen, porque yo era muy niña, y por eso me ves siempre.

CIEGO.—Cierto es; la última luz de mis ojos cayó sobre ti y me la devuelves en bondad.

CRISTINA *(dándole una moneda)*.—Toma, abuelo.

CIEGO.—Gracias, hija. *(Los soldados y Rimbaldo se han levantado de la mesa. Uno de los soldados deja unas monedas.)*

JERÓNIMO.—Adiós, Cristina.

ANDRÉS.—Adiós. *(Al ciego.)* Si vas por el puente te ayudaremos a cruzarlo.

CIEGO.—Gracias, soldado, pero seré yo quien os ayude. Hay unas baldosas flojas que sólo yo conozco... Adiós, Cristina.

CRISTINA.—Adiós. *(A Rimbaldo)* ¿Por qué no te quedas?

RIMBALDO.—De mil amores. *(Los demás se han ido.)*

CRISTINA.—Te traeré otro jarro de vino.

RIMBALDO.—¡Cristina, me ofendes! Por estar a tu lado daría, no un jarro de vino, sino un tonel de diamantes y perlas...

CRISTINA.—¡Ah! *(Se sienta.)*

RIMBALDO.—Pero si quieres traerlo...

CRISTINA *(riendo va al tonel y le sirve un jarro de vino.)*.—Bebe y habla.

RIMBALDO.—¿De qué?

CRISTINA.—Cuéntame... cuéntame cosas de tu vida.

RIMBALDO *(con estudiada lentitud)*.—Mi padre era molinero. Las aspas de nuestro molino daban vueltas y vueltas y vueltas; así, cuando soplaba el viento, y cuando no, estaban paradas, así. Y cuando daban vueltas, la muela [17] molía, y cuando no, no. ¿Tú sabes el ruido que hace el trigo bajo la piedra?

CRISTINA *(impaciente)*.—¡Rimbaldo, por Dios!

RIMBALDO.—Tienes razón. Vamos a lo importante. Teníamos un asno gris de este tamaño... No, sería de éste... o más bien de éste...

CRISTINA.—¡Di que era como tú y basta!

RIMBALDO *(ríe)*.—No te enojes, Cristina; pero, ¿por qué no me dices: Rimbaldo, miserable amigo, háblame del caballero Gerardo, que tu vida no me interesa?

CRISTINA.—Eres muy cruel conmigo.

RIMBALDO.—Perdóname. ¿Por dónde quieres que empiece?

CRISTINA.—Cuéntame cómo te salvó de la horca.

---

[17] *muela*: disco de piedra que se hace girar alrededor de un eje para moler granos.

RIMBALDO.—Te lo he contado tantas veces... Me acababan de colgar, por ladrón, según decían, cuando llegó el caballero Gerardo.

CRISTINA.—Montado en un caballo blanco, con armadura de plata que brillaba al sol como un río y tres plumas celestes en el casco. Hermoso y fuerte como San Jorge [18], se alzó sobre los estribos, y con la espada reluciente, ¡ziiit, cortó la soga!

RIMBALDO.—Cortó la soga y yo caí con un palmo de lengua afuera y sobre un montón de espinas... Sólo que el caballo que montaba no era blanco, sino negro, no vestía armadura, sino un jubón de cuero, y en lugar de casco llevaba un viejo birrete sin plumas.

CRISTINA.—¡Qué más te da! ¿No ves que el caballo blanco y la armadura de plata quedan mejor entre los troncos oscuros de los castaños [19]? Además, debió ser así.

RIMBALDO.—Tienes razón, pero si todo fuera como es debido yo viviría como un conde.

CRISTINA.—¡Y no me digas que no estaba bello como el arcángel Gabriel, rodeado por los que quisieron ahorcarte, temblorosos y postrados a sus pies!

RIMBALDO.—Alguno que otro temblaba; los más echaron mano a los palos. Pero la verdad es que él me salvó y dijo: Dejad a ese hombre; mejor servirá a Dios luchando a mi lado por la reconquista del Santo Sepulcro [20] que colgado de un castaño. Por eso voy en la cruzada [21].

CRISTINA.—¿Sabes cuándo partirán?

RIMBALDO.—Pronto será, pues el caballero no tiene ojos más que para el camino.

CRISTINA.—¡Qué gran verdad es ésa, Rimbaldo!

RIMBALDO.—Y no ve las flores que se abren a su orilla. (*Cristina suspira.*)

GERARDO (*entra y se quita el casco, que arroja sobre la mesa*).—¿Aún estás aquí? Vete a dormir con tus compañeros. Mañana partiremos al alba, y después llevas tanto sueño que te caes del caballo.

RIMBALDO.—Bien, señor. Que descanses. Adiós, Cristina. (*Vase por la izquierda.*)

CRISTINA.—¿Estás cansado, señor? ¿Quieres vino fresco?

GERARDO.—Sí, dame. (*Se sienta mientras ella le sirve del tonel.*) Toda la tarde la he pasado junto a la fragua, vigilando al herrero. Lo más importante por ahora son las patas de los caballos.

[18] Mártir cristiano (m. 303). Se lo representa en combate contra un dragón para salvar a una princesa.
[19] *castaños*: árboles de unos veinte metros de altura, tronco grueso y copa ancha.
[20] *Santo Sepulcro*: tumba en la que estuvo sepultado Jesucristo.
[21] *cruzada*: expedición militar contra los musulmanes.

CRISTINA.—Lo más importante, sí. *(Lo mira tímidamente.)*

GERARDO *(desviando la mirada).*—¿Y tu padre?

CRISTINA.—Fue a la feria de ganado y no volverá hasta mañana.

GERARDO.—Entonces te dejaré a ti el dinero de nuestro alojamiento. Voy a buscarlo. *(Entra en la casa rápidamente.)*

CRISTINA *(sola, lo mira irse con tristeza y se sienta en el banco murmurando):*—Lo más importante son las patas de los caballos... Sólo ve el camino...

MADRE FLORIDA *(a quien se ha entrevisto atisbando por el postigo de su casa, sale y silenciosamente se le sienta al lado).*—¿Qué tienes, paloma?... ¿Quieres al caballero?

CRISTINA *(rompiendo a llorar sobre su hombro).*—¡Oh, madre Florida!

MADRE FLORIDA *(acariciándole los cabellos).*—Llora, hija, llora... Pero deja de llorar, que no es con lágrimas como se atrae a los hombres.

CRISTINA *(secándose los ojos).*—Al alba se va, y nunca me ha mirado...

MADRE FLORIDA.—Y es natural, si a ti no se te ve. ¡Si estás oculta detrás de tus vestidos como si fueras fea y vieja!

CRISTINA.—Mi alma lo rodeaba de amor; ¡cómo pudo no sentirla si desde que él está en casa ha crecido tanto que si no se me escapara un poco en el llanto me rompería el pecho!

MADRE FLORIDA.—Es que los hombres, hija mía, sólo encuentran el alma de las mujeres a través de su cuerpo... ¡Si sabré yo de estos trotes!

CRISTINA.—Voy a verlo por última vez, y él no me verá.

MADRE FLORIDA.—¡No faltaría más estando yo en el barrio!... Espera. Déjame hacer. *(Saca de debajo del manto un gran bolso, y de éste los objetos que nombra y coloca sobre la mesa.)* ¡Mis armas contra las suyas!... Espejo... peine... carmín... albayalde [22]... ámbar [23]... Siéntate aquí... ¡Ese pelo! *(Despeinándola)* ¡Pero si éste es un peinado de monja! *(Peinándola)* ¡Y qué largo y suave es!... Este pelo, bien administrado, vale una fortuna... ¡Esas mangas! *(Se las sube hasta el hombro.)* ¡Qué brazos, gacela! ¡Si un santo caería en ellos, y sin arrepentirse! ¡Dios me perdone!... Un poco de carmín para despertar las rosas... ¡Ah!, lo principal. *(Le desabrocha el vestido haciéndole un amplio escote.)*

CRISTINA *(que la ha dejado hacer sin entusiasmo).*—¡Déjame! ¡Es como si estuvieras disfrazando mi amor!

MADRE FLORIDA.—Calla, tonta... ¿Quién sabe si la verdadera cara del

---

[22] *albayalde*: carbonato básico de plomo; es sólido, de color blanco y se emplea en pintura.

[23] *ámbar*: perfume delicado.

amor no es un disfraz?... A ver, párate. Camina ahora; verás qué airosa quedas. (*Cristina camina con desgano.*) ¡Oh, no, así no! (*Camina contoneándose en forma que pretende ser provocativa.*) Lo importante para una mujer, al caminar, no es mover los pies, sino la cintura. (*Dándole el espejo.*) Mírate. ¿Qué tal? (*Cristina se mira*) ¡Quién me hubiera dado una hija como tú para consuelo de mi vejez! (*Se oye dentro de la casa el ruido de una puerta que se cierra y pasos*) ¡Dame, que ahí viene! (*Le quita el espejo, recoge en un santiamén todas sus cosas y se escabulle rápidamente en la casa.*)

GERARDO (*entrando*).—Aquí está el dinero para tu padre. (*Repara en ella*) Cristina, ¿qué tienes esta noche que me pareces otra?... ¿A ver?, deja que te mire... ¡Estás realmente hermosa!

CRISTINA.—¡Ah!...

GERARDO.—¿Es que vas a una fiesta?

CRISTINA.—¿A una fiesta?... No lo sé aún...

GERARDO (*mirándola con atención*).—¿Esperas acaso a tu amor?

CRISTINA.—¿A mi amor? (*Con un gran esfuerzo, bajando los ojos*) Sí.

GERARDO.—¿Y vendrá?

CRISTINA.—No lo sé.

GERARDO.—¿No puedes decirme su nombre?

CRISTINA (*con amarga sorpresa*).—¡A vos... su nombre! (*Lo mira abiertamente a los ojos.*)

GERARDO (*tomándole las manos*).—¡Oh, Cristina!... ¡Qué fuego tan suave hay en tus ojos y qué frías tienes las manos! (*Ella se abandona. Él la atrae hacia sí y la besa en la boca, apasionadamente. Con el último movimiento se le cae la espada. Se sobresalta y se aparta de ella para recogerla, y al hacerlo fija los ojos en la cruz de la empuñadura, cosa que debe ser visible para el público y para Cristina, que sigue ansiosamente la mirada de él. Ya serenado de su arrebato de pasión, se coloca la espada lentamente.*) Cristina... no tengo derecho, sería un crimen. (*Saca un puñado de monedas de oro que pone en la mano de ella, abriéndosela.*) Dale a tu padre... y perdóname. (*Sin volverla a mirar entra en la casa rápidamente. Cristina queda un momento con la mano cerrada, mirando al vacío, después la abre y sin darse cuenta deja caer lentamente las monedas, una a una. La madre Florida, que ha estado atisbando, sale rápida, silenciosa y rampante* [24]. *Recoge las monedas y huye del mismo modo a su madriguera. Sylanora sale de su casa y lentamente se acerca a Cristina y le pone una mano en el hombro.*)

[24] *rampante*: con la garra tendida en actitud de asir.

Sylanora.—Cristina.
Cristina *(como sonámbula)*.—Sí...

TELÓN LENTO

CUADRO II

Un bosque durante la noche. A la izquierda, y en primer término, un dolmen [25] de la altura de una mesa. Por entre un boquete de los árboles, muy lejos y apenas silueteada, la torre de una iglesia. Hay movimiento de seres invisibles entre el follaje: cruzan las sombras de pequeños animales y brillan ojos inquietos en la oscuridad. Un búho, posado en una rama, echa a volar y se pierde en las sombras. Muy lejano, el aullido de un lobo. Un momento, la escena vacía. Por derecha e izquierda, recatándose desconfiadas en la sombra, llegan la molinera y Gladia.

GLADIA.—¿Eres tú, molinera?

MOLINERA.—Sí, Gladia. Creía que no podría venir esta noche. Mi marido no acababa de dormirse.

GLADIA.—¿Por qué no le das el filtro en el vino, como hago yo?

MOLINERA *(sentándose en un tronco).*—Es que al otro día se levanta de muy mal humor.

GLADIA *(riendo).*—¡Y vuela el palo!

MOLINERA.—Cada vez es más difícil venir. Desde que están esos soldados en el pueblo... La última noche tuve que correr como una liebre para escapármeles. Pero no pude impedir que la mitad de mi saya [26] se les quedara en las manos. ¡Si alguien me hubiera visto!

GLADIA.—Y se lo cuenta al molinero... *(Ríe).*

GINEBRA *(llega por el foro [27] y se deja caer fatigada, pero alegre y*

---

[25] *dolmen*: monumento formado por grandes piedras en forma de mesa.
[26] *saya*: falda, pollera.
[27] *foro*: fondo del escenario.

sonriente, en una piedra).—¡Oh, amigas!... *(Se despereza.)*

GLADIA.—Estás toda despeinada. ¿Qué te ha pasado?

GINEBRA.—Me atajaron los soldados.

MOLINERA *(a Gladia).*—¿No te lo decía yo? *(A Ginebra)* ¿Y cómo pudiste escapar?

GINEBRA *(que se está peinando).*—De un modo muy sencillo. Me escapé... ¡no escapándome! *(Se les ríe en la cara. Las otras la miran con disgusto y remilgo* [28]. *Por la derecha llega Sylanora trayendo a Cristina de la mano. Cristina avanza lentamente, como en sueños.)*

SYLANORA.—Es aquí.

CRISTINA *(como un eco).*—¿Es aquí? *(Las tres mujeres la rodean, sorprendidas).*

GLADIA.—¿Tú, Cristina?...

MOLINERA.—¡La hija del posadero!...

GINEBRA.—¡Qué hermosa estás! *(Tomándola de la mano.)* Ven, serás de las nuestras.

CRISTINA.—De las vuestras...

SYLANORA *(apartándola).*—¡Deja a la muchacha en paz! *(Ginebra va a responder, airada, pero se contiene porque se ve pasar por el foro la sombra violácea de un enorme macho cabrío* [29]. *Las tres exclaman: "¡El Señor, el Señor!" Y corren a colocarse a la izquierda, en fila. Sylanora y Cristina forman otro grupo en medio de la escena. Por la izquierda entra maese Jaime, en quien los rasgos vagamente diabólicos de su cara se han acentuado hasta no dejar dudas sobre que es el diablo. Pero viste como siempre y trae bajo el brazo un cartapacio, y colgando de la cintura, el tintero de cuerno.)*

MAESE JAIME *(dejando el cartapacio* [30] *y el tintero, que desprende de la cintura, sobre el dolmen).*—Dispensadme si os he hecho esperar, pero estoy abrumado de trabajo. *(A Cristina)* Bien venida, hija mía.

CRISTINA *(asombradísima).*—¡Maese Jaime!

MAESE JAIME.—Sí, maese Jaime: el honrado escribano de tu pueblo. Ya ves que estás entre amigos. Tranquilízate.

CRISTINA.—¡Nunca lo hubiera creído!...

MAESE JAIME.—Como comprenderás, no puedo andar entre la gente con la facha ridícula que me atribuyen los predicadores. Y aquí soy escribano, en otra parte médico o prestamista; siempre profesiones

---

[28] *remilgo*: ademán o gesto de exagerada delicadeza.

[29] *macho cabrío*: macho de la cabra; la superstición popular atribuye al diablo esta forma o el tener las extremidades inferiores terminadas en patas de cabra.

[30] *cartapacio*: conjunto de papeles contenidos en una carpeta.

114

en las que estoy en contacto con lo que el hombre más quiere: sus intereses y su salud. Pero lo que más me gusta son las leyes; moverse entre sus hilos es delicioso; muchas las he inspirado yo, y hasta corren algunas, las mejores, de mi puño y letra. No puedes imaginarte qué útiles me son. *(Transición.)* ¿En qué puedo servirte? Y no olvides que nadie llama a mi puerta en vano... Estas señoras te lo pueden decir. *(Murmullos de asentimiento entre las mujeres.)*

CRISTINA *(con los ojos bajos).*—Amo al caballero Gerardo y él no me ama.

MAESE JAIME.—No te habrá mirado bien.

CRISTINA.—No ve nada de lo que está cerca; su mirada pasa a través de todas las cosas y va a perderse en las murallas de Jerusalén.

MAESE JAIME.—Muy lejos mira.

CRISTINA.—Muy lejos de mí... Por un instante me tuvo entre sus brazos, pero en seguida echó de menos el pomo de la espada y las riendas del caballo. Un mes vivió en nuestra posada, ¿estuvo realmente allí?... Ahora ha partido, pero sobre el caballo no van más que su cuerpo y sus armas; el alma lo espera, quién sabe desde cuándo, al pie de las murallas. Y yo...

MAESE JAIME.—Sigue, hija mía.

CRISTINA.—Nada podía yo; mi alma de muchacha enamorada resbalaba sobre su pecho vacío como la lluvia sobre su coraza. ¿Comprendes?

MAESE JAIME.—Sí, comprendo. Sigue.

CRISTINA.—Cuando me tuvo en sus brazos. *(Cierra los ojos ganada por la dulzura del recuerdo; después los abre, como quien despierta.)* Cuando me tuvo en sus brazos y me besó, sentí que su alma regresaba, pero no acabó de derramarse en mi corazón tembloroso y abierto... Fue como si de golpe lo llamaran de muy lejos, como si de los muros de Jerusalén viniera la voz de ...

MAESE JAIME *(rápido).*—No necesitas nombrarlo entre nosotros.

CRISTINA *(con arranque).*—Y yo lo amo más que a todo en el mundo, y aun más. Nada veo, nada sé, nada quiero sino esa alma lejana que estuvo cerca de la mía. Por eso he venido. Y estoy dispuesta a pasar por cualquier puente para llegar a su corazón. Tiéndelo tú y haz de mí lo que quieras.

MAESE JAIME.—Hermoso fuego.

CRISTINA.—Mi presencia aquí te dará la medida de mi amor.

MAESE JAIME.—¿Qué me ofreces en pago?

CRISTINA.—Mi alma por toda la eternidad a cambio de la suya por el breve tiempo de la vida... ¿Qué me respondes?

MAESE JAIME.—Espera. Soy hombre de leyes y no puedo cerrar un trato sin haber aclarado todos los detalles... Tú dices con bella exaltación: te doy mi alma a cambio de su amor; pero eso es bastante vago. ¿Cómo quieres ese amor?

CRISTINA.—¿Cómo?... No entiendo.

MAESE JAIME.—Yo te lo explicaré. Tú dices "su amor", pero ¿piensas que con él viene su mano de esposo, entrar en la nobleza, salir de la posada de tu padre en una carroza ante la admiración y la envidia de todo el pueblo?

CRISTINA.—Nunca pensé en eso.

MAESE JAIME.—Pues piénsalo ahora.

CRISTINA.—No, no quiero ser castellana [31]; pueden hundirse todos los castillos con todas sus torres; quiero solamante que él vea mi alma, que comprenda que le pertenece y la deje acercarse a la suya y deshacerse en ella.

MAESE JAIME *(frunce las cejas).*—Bien; no te importan las riquezas ni los honores; te basta con el calor de su pecho y el temblor de sus labios sobre los tuyos, como aquella vez... ¿no es así?

CRISTINA *(cierra los ojos y sonríe al recuerdo).*—Como aquella vez... *(Los abre y sacude la cabeza.)* ¡No, no me comprendes!... ¿Cómo decirte?... Imagina que una vez llegado a Jerusalén se secaran los mares, se borraran los caminos, crecieran los bosques de tal manera que ningún ser humano pudiera cruzarlos en toda la vida, y que un día una golondrina me trajera una carta en la que Gerardo me dijera que me amaba y pensaba en mí, pero nunca, nunca podríamos volver a vernos, y fuera verdad. Eso me bastaría, eso es lo que pido a cambio de mi alma inmortal.

MAESE JAIME *(levantándose, se le aproxima).*—Ven, déjame que te mire a los ojos. *(Lo hace, y después se aparta, volviendo a ocupar su lugar).*

CRISTINA.—¿Qué respondes?

MAESE JAIME.—Que no puedo aceptar el trato. *(Las mujeres rebullen, asombradas.)*

CRISTINA.—¡Cómo! ¿Qué viste en mis ojos? ¿Engaño, falsedad?

MAESE JAIME.—Todo lo contrario: vi la perfecta pureza de tu amor, y por eso no puedo comprar tu alma.

CRISTINA.—¿No quieres comprarla?...

MAESE JAIME.—Entiéndeme, mujer; no puedo. Por eso te interrogué; por

---

[31] *castellana*: señora de un castillo.

eso quise ver si la limpia corriente de tu amor arrastraba el más leve grano de arena. Un poco de codicia, un adarme [32] de vanidad, una chispa de deseo carnal habrían bastado para que escribiera tu nombre en mis registros. Pero tu amor es tan puro que queda fuera del círculo en que debo moverme. Yo puedo burlar todas las leyes de los hombres y muchas de la naturaleza; pero hay una ley a la que tengo que obedecer, y es la que me prohíbe traficar con el amor verdadero. (*Se oye un sordo murmullo entre las mujeres.*) ¿Qué os pasa?

MOLINERA.—Y yo, ¿no te vendí mi alma por amor?

MAESE JAIME.—Te engañas, mujer; querías al molinero, es verdad, pero con el molino y los asnos cargados de harina y las monedas de oro en el arca. (*La molinera inclina la cabeza.*)

GLADIA.—¿Y yo? Yo me condené por un pobre que ni siquiera era hermoso, ni fuerte. ¿Qué interés tuve para amarlo?

MAESE JAIME.—Haz memoria, mujer... Recuerda que desde niña te envenenaba la vida la envidia que sentías por tu hermana; le envidiabas el color del pelo y el modo de caminar, el cariño de tu padre, y hasta cuando tu madre la castigaba injustamente le envidiabas los golpes y la resignación con que los recibía; y no quisiste a ese hombre más que porque era su novio. No hables de amor si fue el rencor el padrino de tu boda. (*Gladia frunce el ceño, baja la mirada y se retuerce las manos.*)

GINEBRA.—A mí no podrás acusarme de interés ni de envidia. El hombre por el que me compraste era un vagabundo a quien nadie quería y que no podía darme más que hambre y golpes. Por él te di mi alma.

MAESE JAIME.—¡Alma! ¡Alma! Todas le llamáis alma a un poco de carne más blanda y sensible. Viniste a mí de la mano de la lujuria [33]. (*Ginebra da un paso atrás, muda y hosca.*)

SYLANORA.—Entonces... ¿nada puedes hacer por la muchacha? ¿Debo llevármela?

MAESE JAIME.—Sí, y créeme que siento verdaderamente no haberle podido ser útil.

SYLANORA.—Vamos, Cristina.

CRISTINA (*que durante los últimos momentos ha permanecido reconcentrada*).—Espera, Sylanora. (*Al Diablo.*) ¿Dices que es la pureza de mi alma lo que te impide comprarla?

MAESE JAIME.—Hay una ley...

---

[32] *adarme*: cantidad mínima.

[33] *lujuria*: apetito desordenado por los placeres carnales.

CRISTINA.—¿Y si yo la arrastrara por el fango hasta que estuviera sucia y envilecida como la de una mujerzuela?

MAESE JAIME.—Si lo haces por amor, su claridad seguirá brillando aun dentro de mis tinieblas. Nada tenemos que hacer. Vete.

SYLANORA.—Vamos, Cristina *(La toma de la mano e inician el mutis[34].)*

MAESE JAIME *(la mira irse con una sonrisa, y cuando ya van a salir de escena):*—Espera, oye, hija mía. *(Cristina se detiene.)* Ven, se me ocurre algo que quizá pudiera convenirte. *(Cristina ha vuelto al sitio que ocupara antes.)* Tu alma, ya te lo he dicho, está fuera de mi círculo, pero podría comprarte otra cosa.

CRISTINA.—¡Otra cosa!... ¿Qué tengo yo más valioso que mi salvación?

MAESE JAIME.—Pudiera ser algo que no tienes aún... una rosa que se abra en tu jardín, una paloma de tu palomar... Yo tampoco puedo precisar qué será... pero en mi deseo de servirte...

CRISTINA.—¿Y me amará el caballero?

MAESE JAIME.—Hasta donde alcance tu deseo, y aun más.

CRISTINA *(resueltamente).*—¡Acepto!

MAESE JAIME.—Bien, entonces... *(Busca entre sus papeles.)* Aquí está el contrato. No puede ser más sencillo; no hay en él ninguna cláusula que se preste a dobles interpretaciones, ningún punto que pueda convertirse en coma. *(Se lo alarga.)*

CRISTINA *(después de mirarlo).*—¡Está en blanco!...

MAESE.—Sin una sola mancha de tinta. Jamás se firmó contrato más limpio. ¿Firmas?

CRISTINA *(acercándose a la mesa).*—Dame la pluma.

MAESE JAIME.—¡Oh, no, con tinta no! Tiene que ser con tu sangre. La sangre grita a quien pertenece y no puede negarse... Aquí tengo una pluma nueva... Dame el brazo. *(Cristina se recoge la manga hasta el hombro y tiende el brazo.)* No te dolerá... Una sola gota basta... Perdona, tengo las manos muy calientes... Ya está... Firma antes de que se seque. *(Cristina toma la pluma que él le ofrece y firma. Después la deja caer y exclama, aterrada:)* ¡Oh, qué hice, qué hice!... *(Quiere decir "Dios mío", pero no puede. Mira a las otras mujeres espantada. Ellas bajan la cabeza. Quiere volver a pronunciar el nombre de Dios dirigiéndose al cielo, pero no puede.)*

MAESE JAIME *(suavemente).*—No te esfuerces, hija mía; desde hoy no podrás pronunciar su nombre... ¿Estás arrepentida de haber firmado?

CRISTINA.—No por lo que tú crees... ¡No, no quiero que me ame así, que

---

[34] *mutis:* voz que se usa en el teatro para señalar que un actor se retira de la escena.

no vuelva, que no lo vea nunca, nunca más! *(Tras la explosión llora con el rostro entre las manos.)*

MAESE JAIME.—Tranquilízate. Te comprendo perfectamente. Temes que me agazape en el corazón del caballero y le dicte sus movimientos de amor y le enseñe las palabras que ha de decirte; temes que sea el mismo fuego que sentiste en mis manos el que encienda sus labios cuando te bese; temes encontrar mi mirada en la suya, ¿no es eso?

CRISTINA.—Sí... pero ¿cómo puedes comprender mis sentimientos?... *(Con horror.)* ¡Tú!

MAESE JAIME *(con un vago dejo de melancolía, con una nostalgia del cielo apenas insinuada).*—Para comprenderte me basta con recordar mi infancia. No olvides, Cristina, que antes de ser lo que soy, yo también era un ángel. *(Transición.)* No temas, te amará libremente; yo no haré más que apartarlo del camino de Jerusalén. Sus muros son los que le impiden verte. De no ser así ya te habría amado... Tú misma lo harás volver mediante un sencillo juego de hechicería que voy a enseñarte. Corta una rama. *(Cristina va a cortar una rama de olivo.)* Del olivo no, no es buen árbol. Además, necesitamos la de uno corpulento... Corta esa rama de haya.

CRISTINA *(empinándose cuanto puede).*—No puedo, no alcanzo.

MAESE JAIME.—No tiendas sólo los brazos, alarga también el deseo.

(Cristina hace un último esfuerzo, y sin que la toque, se oye un crujido en el gran silencio mágico y la rama desgajada cae en sus manos. Trayéndola, regresa al centro de la escena. Las mujeres habrán seguido, como es natural, con gestos todos los incidentes. Maese Jaime traza con el bastón un círculo en el suelo.) Entra sin temor. *(Cristina lo hace, y una vez en el centro queda rígida, se le cierran los ojos y se tambalea suavemente. Las tres mujeres inician el ademán de sostenerla dando un paso hacia el círculo.)*

MOLINERA.—¡Ay!

GLADIA.—¡Va a caer!

GINEBRA.—¡Cristina!...

MAESE JAIME.—¡Quietas! *(Una pausa hasta que Cristina queda de pie rígida e inmóvil.)* Busca al caballero.

CRISTINA *(como sonámbula, tras una pausa).*—Andan muchos viajeros por los caminos... Hay también coches; coches pequeños envueltos en nubes de polvo... Y caminos, caminos... ¡Oh, cuántos caminos hay en el mundo para alejarse!...

MAESE JAIME.—Busca bien, Cristina.

CRISTINA.—¡Allí!... Una tropa acaba de cruzar un puente; aún resuenan las piedras con los golpes de las herraduras... ¡Sí, es él!... Galopa a la cabeza de sus soldados... Los soldados cantan. Están alegres. Él sonríe, pero su caballo está muy inquieto... Ahora el camino corre por la linde [35] de un bosque. ¡Qué árboles tan altos! Son hayas... La luna está detrás de los árboles... La sombra de las ramas y la luz de la luna se mueven sobre su coraza... Algo le dice Rimbaldo que lo hace sonreírse... Pero el caballo está muy inquieto. Sacude la cabeza y mira atemorizado a las sombras... Gerardo le palmea el cuello y le habla. *(Con tristeza.)* ¡Con qué dulzura le habla!... Pero el caballo sigue inquieto y asustadizo... Ahora los árboles son más altos, más negros; son hayas.

MAESE JAIME.—Levanta la rama. *(Ella obedece como una autómata.)*

CRISTINA.—¡Oh, qué árboles tan siniestros! ¡Tengo miedo!

MAESE JAIME.—¡Baja la rama! *(Cristina obedece, y ni bien la rama ha descendido, lanza un grito de espanto y cubriéndose el rostro con las manos se desploma en los brazos de las mujeres, que han corrido a sostenerla.)*

TELÓN RÁPIDO

[35] *linde*: línea que divide un terreno de otro.

ACTO II

CUADRO I

El frente de la posada, como en el primer acto. Rimbaldo, sentado sobre la mesa, bebe lentamente un gran jarro de vino. Aldeanos y aldeanas lo contemplan expectantes [36]. A su derecha hay uno que lleva una canasta al brazo de la que sale una ristra de embutidos. En el extremo izquierdo, la madre Florida.

MADRE FLORIDA.—Cuenta de una buena vez, que para eso se te pagó el vino.

RIMBALDO.—Poco vino es para tanta historia... *(Deja el jarro, se seca la boca con la manga.)* Pues, señor; íbamos por la linde de un altísimo bosque, galopa que te galoparás, cuando por detrás de los árboles salió la luna, grande, redonda, redonda *(forma con los brazos en alto el círculo de la luna)*, y alta, alta, alta. *(Señala al cielo con el índice de la mano derecha y, aprovechando que todos miran hacia arriba, quiere con la izquierda apoderarse de los embutidos, pero no lo consigue.)* Pero de pronto una nube la ocultó y la noche se puso negra, negra, negra... Cerrad bien los ojos para que veáis qué negra estaba la noche. *(Todos obedecen, menos la madre Florida, que se queda con medio ojo abierto, desconfiada y curiosa. Rimbaldo aprovecha el momento y atrapa los embutidos y se los mete en el pecho, y dirigiéndose a la madre Florida:)* Silencio. *(Todos abren los ojos.)*

UNA ALDEANA.—¿Qué dijiste?

RIMBALDO.—Que era una noche muy oscura y silenciosa.

EL DE LOS EMBUTIDOS.—¡Buena noche para los ladrones!

---

[36] *expectantes*: que esperan observando atentamente.

RIMBALDO *(palmeándolo)*.—¡Bien dicho, hermano, bien dicho! *(La madre Florida deja escapar una risita de complicidad y guiña el ojo a Rimbaldo, quien le devuelve la seña.)*

UNA ALDEANA.—Bueno, pero ¿cómo pasó?

RIMBALDO.—Pasó que íbamos al trote y a la luz de aquella hermosa luna, porque ya había vuelto a lucir, cuando oímos un crujido espantoso, ¡crac!, y una haya enorme como la torre de una catedral se desplomó de golpe sobre el capitán. Yo iba a su lado, y con ser tan grande el árbol ni las hojas me tocaron. Fue como si las ramas se apartaran para no rozarme.

UN ALDEANO.—¡Cosa de milagro parece!

MADRE FLORIDA.—O de brujería. *(Se santigua rápidamente y algunos aldeanos la imitan.)*

RIMBALDO.—Sí, fue muy extraño. Desesperados nos arrojamos sobre el haya caída, y a golpes de hacha y de espada, guiados por los relinchos del caballo moribundo, nos abrimos paso hasta donde yacía el caballero. Estaba tan pálido y frío como la luna, y lo creímos muerto. Hicimos unas parihuelas [37] con las ramas del haya, y a pie, con los caballos de tiro y entre el llanto infantil de los soldados emprendimos el regreso.

MADRE FLORIDA.—¿Y el caballero siempre sin sentido?

RIMBALDO.—Hasta que cruzamos el puente y entramos en el pueblo. Entonces abrió los ojos, suspiró y quiso persignarse, pero no pudo levantar el brazo: lo tenía roto. Y lo más triste fue cuando dijo: "Nunca más podré empuñar la espada" y volvió a desmayarse... Yo lo persigné entonces con estos dedos, que desde esa noche no han vuelto a pecar. *(Risita significativa de la madre Florida.)* Y ahora está aquí en manos del médico. Pero no os asustéis, que Cristina y yo lo defendemos... Y ahora, buenas y honradas gentes... *(Dándole el sombrero al que está más cerca.)* Hazlo circular... Y acordáos de que los juglares también necesitan comer... *(El sombrero pasa de mano en mano, y todos, a tiempo que lo entregan a otro, se van. El último lo pasa a la madre Florida, y se va a su vez; la vieja se lo entrega riendo. Rimbaldo, poniendo el sombrero boca abajo, para que se vea que no hay nada dentro:)* ¡Mala ralea [38]!

MADRE FLORIDA.—Da gracias al cielo porque te lo han devuelto.

---

[37] *unas parihuelas*: una camilla.
[38] *ralea*: gentuza.

RIMBALDO *(filosóficamente se encasqueta el sombrero; saca los embutidos y, haciendo dos partes iguales, da una a la madre Florida).*—Toma tu parte, madre Florida.

MADRE FLORIDA.—Gracias, hijo... ¡Y qué bien huelen!... Puro cerdo. *(Se va y entra en su casa oliéndolos.)*

RIMBALDO *(tira sus embutidos sobre la mesa y saca unos naipes, con los que se pone a practicar una prueba consistente en arrojarlos a lo alto y barajarlos. Cristina sale de la casa con aire preocupado y se dirige al proscenio* [39] *sin ver al juglar).*—¡Cristina, mira!

CRISTINA *(sin hacer caso de los naipes).*—¡Ah, eres tú! Te busqué cuando vino el médico. ¿Dónde te habías metido?

RIMBALDO *(mostrándole los embutidos).*—Fui al mercado.

CRISTINA *(sin prestarle atención).*—El médico le ha quitado las vendas, y dice que lo que necesita Gerardo es mover el brazo.

RIMBALDO.—¿No te decía yo que ese médico era una mala bestia rellena de latines, *talentos assinorum* [40]?

CRISTINA.—Pero ¿por qué?

RIMBALDO.—Para decir eso no hace falta estudiar a Esculapio, ni a Hipócrates, ni al Hermes Trimegisto [41]; de todos los romances se desprende que lo único que necesita un caballero es mover bien el brazo. Un caballero, Cristina, no es, al fin de cuentas, más que un brazo con una espada.

CRISTINA.—Y un gran corazón, Rimbaldo.

RIMBALDO.—Puede prescindirse... Ven, mira: voy a distraerte con esta prueba, que es la última palabra de la sabiduría. *(Hace la prueba.)*

CRISTINA *(sentándose disgustada).*—¡Qué empeño tienes de un tiempo a esta parte en distraerme!

RIMBALDO.—Es que a veces veo sobre tu frente como la sombra de una rama oscura.

CRISTINA *(con sobresalto).*—¿De una rama oscura, Rimbaldo?

RIMBALDO.—Es un modo de decir... o del ala de un cuervo.

CRISTINA *(tranquilizada).*—¡Ah!...

GERARDO *(saliendo de la casa).*—Rimbaldo, dile a mi escudero que me ensille el caballo. Quiero saber qué fuerzas me quedan aún en la mano. Tú me acompañarás.

RIMBALDO.—En seguida, señor. *(Se va por la izquierda. Gerardo se*

---

[39] *proscenio*: parte del escenario más inmediata al público.

[40] *talentos assinorum*: 'inteligencia de asno'.

[41] El dios de la Medicina es Esculapio, el médico griego más célebre de la antigüedad fue *Hipócrates*, y el autor o inspirador de tratados científicos, *Hermes Trimegisto* (tres veces grande), nombre que daban los griegos al dios egipcio Tot.

sienta junto a la mesa. Cristina dice mientras va a sentarse a su lado:)

CRISTINA.—Pronto tu brazo recuperará su antiguo poder y el más pesado mandoble [42] será en tu mano tan leve como un junco.

GERARDO.—No, Cristina. Un médico puede equivocarse en estas cosas, un soldado nunca. Mi brazo está muerto para la guerra, pero mi mano ha nacido para el amor. *(Toma la mano de Cristina y la acaricia.)* Tu pequeña mano llenará por siempre el lugar que había consagrado al pomo de la espada. Tu suavidad por su dureza.

CRISTINA.—¿Te pesa el cambio?

GERARDO.—Aquello era la felicidad que da el cumplimiento de un deber libremente elegido; esto es simplemente la felicidad, la que Dios nos da graciosamente cuando a Él le place. *(Cristina, al oír mencionar a Dios, tiene un leve sobresalto.)* ¿Qué tienes, Cristina?

CRISTINA *(reaccionando y sonriendo).*—Nada.

GERARDO.—A veces hay en tus ojos una niebla y no veo tu alma.

CRISTINA.—Pienso si tu amor por mí no es más que una gran tristeza que se vuelve ternura para engañarse a sí misma. Cuando diste a tus soldados la orden de partir sin ti, cuando los viste perderse en el polvo del incierto camino de Jerusalén, estabas tan pálido como la noche en que te trajeron tendido sobre las ramas del haya maldita. Piendo que en aquel momento moriste con tu gran sueño heroico y que el que está a mi lado no es más que una sombra, una sombra perdida que trata de encontrarse en un sueño que no es el suyo, este sueño de amor que es sólo mío.

GERARDO.—¡Oh, Cristina! ¿Cómo puedes pensar eso? ¿cómo puedes llamar maldito a un árbol que yo creo que fue tronchado por la mano de Dios?

CRISTINA *(sin poderse contener y apartándose de él).*—¡Oh, no, no, Gerardo!... ¿La mano de ...? ¡No, no!

GERARDO.—¿Porque estuvo a punto de matarme? Ahí precisamente veo yo el milagro. Si hubiera caído simplemente, como caen los árboles que mueven las oscuras fuerzas naturales, ten por seguro que me habría matado. Aquello fue obra de la divina providencia. En el primer momento se pensó que el árbol había sido dejado a medio hachar por los leñadores. Pues no; ninguna huella de hacha tenía el tronco. Se desplomó porque Dios lo quiso para arrancarme la fuerza del brazo como se quita un guantelete de hierro, liberándome así de

---

[42] *mandoble*: espada grande.

mis votos de cruzado. Era como si Dios me dijera: Ven a Mí por otro camino; y ese camino eres tú.

CRISTINA *(abandonándose a la dicha del amor)*.—¡Oh, Gerardo!... Quiéreme, sí, quiéreme, pero no escuches voces engañosas; yo no soy el camino... aunque soy el amor. *(Esconde la cara entre las manos y solloza.)*

GERARDO *(le aparta las manos y la besa)*.—Sí, Cristina, tú eres la luz y la estrella del amor. *(Ella intenta hablar, pero él la contiene con un beso.)* No digas nada, brilla simplemente. *(Quedan un momento mudos y arrobados, y tras la pausa:)* Hay algo que tú no sabes y que es lo que me hace creer en un designio celeste. Yo no vine hacia ti desvanecido sobre las ramas del haya bendita: te fui devuelto.

CRISTINA.—¿Devuelto?...

GERARDO.—Sí, y ése es mi secreto. ¿Recuerdas el día en que por primera vez me senté a esta mesa?

CRISTINA.—Te sentaste allí. Serían las tres de la tarde. La sombra de las hojas de la parra llenaba de estrellas oscuras tu coraza brillante. Te quitaste el casco y me dijiste: Dame un jarro de vino fresco, hija mía.

GERARDO.—¿Eso te dije? No lo recuerdo. Sólo recuerdo tus ojos, que me envolvieron en una dulzura tan profunda, que sentí por primera vez partes desconocidas de mi alma.

CRISTINA *(como para sí)*.—Aquella tarde...

GERARDO.—Aquella tarde... Después fuiste al tonel y te inclinaste para llenar el jarro. La espita [43] no andaba bien, y tú te disculpabas por la tardanza mientras yo contemplaba tu cabeza de oro y tu nuca, que a la sombra tenía sombras azules. Y la mirada en que te envolvía sin que tú lo supieras me estaba lavando de todo lo visto hasta entonces y borrándome todo lo que deseaba ver. Fue el esfuerzo más grande de mi vida el que hice para disimular cuando te diste vuelta con el jarro en la mano.

CRISTINA.—¿Por qué disimulaste?

GERARDO.—Porque lo que sentía no es lo que sienten los soldados por las muchachas de las posadas. Por nada del mundo te hubiera manchado con el beso que se da junto al estribo. Mis votos [44] me llevaban a Tierra Santa y tenía que partir.

CRISTINA.—¿Pero la última noche?...

GERARDO.—La última noche mi pasión y tu belleza me traicionaron.

---

[43] *espita*: canuto que se mete en un agujero de la cuba o tonel para que por él salga el líquido que contiene el recipiente.
[44] *votos*: promesas.

Pero mi espada al caer me recordó el llamado de la cruz.

CRISTINA.—¡Y mi amor desesperado luchaba contra ella como si fuera una muchacha rival!

GERARDO.—Muchas veces, con tu simple presencia, estuviste a punto de vencer. Por eso me pasaba los días en la fragua, dando prisa al herrero; por eso te hablaba casi duramente, para que no se trasluciera mi ternura.

CRISTINA.—¡Oh, ciega, ciega!, ¿por qué no sentí aquella primera tarde tu mirada de amor?... Tú habrías partido a cumplir tu juramento y yo viviría feliz con el recuerdo... y me habría salvado.

GERARDO.—¿Salvarte? ¿Qué dices, Cristina?

CRISTINA.—Nada, nada... Espera un momento, Gerardo... Yo estaba así, ¿no es cierto? *(Se coloca junto al tonel como se ha dicho.)*

GERARDO.—Sí.

CRISTINA.—Mírame como aquella tarde.

GERARDO.—¡Oh, Cristina!, una primera mirada de amor no puede repetirse... Dos veces te pasaste la mano por la nuca. *(Ella repite el gesto.)*

CRISTINA *(levantándose lentamente).*—Yo estaba tan confusa con lo que pasaba en mi propia alma, que no sentí tu primera mirada de amor. Es muy triste, Gerardo... ¡Quién sabe si toda la sombra que hay en el mundo no se debe a cosas así!...

GERARDO.—No pienses en sombras. Tengo para ti miradas de amor hasta el fin de la vida.

CRISTINA.—Y yo... *(Se besan. Después Cristina se aparta y queda un momento reflexionando.)* Entonces no fue necesario que se desplomara el haya para que me quisieras. Lo que ocurrió aquella noche pudo no haber ocurrido y me habrías querido igual. ¿No es cierto?

GERARDO.—Es claro; ese fue un incidente que en nada ha pesado sobre mi corazón.

CRISTINA.—¿Entonces... ? *(Con una loca explosión de alegría.)* ¡Entonces, oh, Gerardo! *(Hunde la cabeza en su pecho.)*

RIMBALDO *(llega por la izquierda; tose discretamente; ellos se apartan con naturalidad).*—Señor, ya están listos los caballos, y la tarde está muy hermosa.

CRISTINA *(en un arranque de felicidad).*—¡Muy hermosa, como todas las tardes que vendrán!

GERARDO *(a Rimbaldo).*—Bien, vamos. *(A Cristina.)* Voy a dar una carrera hasta el pinar y vuelvo. *(Sale por la izquierda con Rimbaldo. Cristina queda un momento de pie y luego corre a golpear en la casa de la bruja.)*

SYLANORA *(abriendo el postigo).*—¡Ah!, ¿eres tú? Entra.

CRISTINA.—No, sal un momento, que quiero hablarte. *(Vuelve al centro de la escena. Sylanora sale y reúnese con ella.)*

SYLANORA.—¿Pasa algo, Cristina?

CRISTINA.—¿Tú sabes que Gerardo me ama?

SYLANORA.—Sí, lo sé. Además, era lo convenido con... tú ya sabes.

CRISTINA.—Pero ese convenio ya no vale.

SYLANORA.—¡Que no vale! ¿Y por qué?

CRISTINA.—Porque me amaba desde mucho antes de aquella noche en que me llevaste al bosque. Me quiso desde que se sentó por primera vez en ese banco, ¿comprendes?... Ese a quien llamas tu señor nada influyó en el amor del caballero. Nada le debo a él; nada le debo, pues me vendió lo que no podía venderme porque ya era mío.

SYLANORA.—Aunque así sea, fue la caída del haya lo que hizo que volviera.

CRISTINA.—¡Qué me importaba a mí que volviera o no si me amaba!... Además, algún día nos hubiéramos reunido aquí o allá. *(Por el cielo.)*

SYLANORA.—Con todo, tú aceptaste...

CRISTINA.—Es cierto, pero ese contrato ha perdido todo su poder porque hubo engaño.

SYLANORA.—¡Qué inocente eres, Cristina! ¿Crees que él hace algo sin engaño? Tiene tu firma, y eso basta.

CRISTINA.—La tiene, sí; pero nada me importa, porque los bienes que con ella puede arrebatarme poco valen para mí.

SYLANORA.—¡Qué sabes tú qué es lo que va a exigirte!

CRISTINA.—Sí, lo sé; con esa firma, a la muerte de mi padre se quedará con la posada y las tierras de labranza y yo, ¿para qué las quiero si voy a casarme con Gerardo e irme con él?

SYLANORA.—Deliras, Cristina. ¿Qué interés puede tener mi señor en tu posada y tus campos?

CRISTINA.—Terminemos esta farsa, Sylanora. Maese Jaime no es más que maese Jaime, y no quien me habéis hecho creer.

SYLANORA.—¿Qué dices, mujer?

CRISTINA.—No te hagas la sorprendida: lo sabes tan bien como yo. Tú eres su cómplice, y entre los dos me habéis hecho caer en una trampa. Pero no te guardo rencor ni a ti ni al astuto escribano. ¡Soy tan feliz!

SYLANORA.—Vuelve en ti, desdichada. ¿No viste aquella noche prodigios bastantes para convencerte de quién es maese Jaime?

CRISTINA.—Muchos prodigios vi, pero también recuerdo que antes de salir me hiciste tomar un brebaje.

SYLANORA.—Te di una copa de vino caliente con especias porque estabas temblando.

CRISTINA.—¿Y estás segura de qué no cociste en el vino esas yerbas que traen del Oriente y que trastornan los sentidos y hacen ver lo que no existe... o lo que está muy lejos?

SYLANORA.—¡Pero si tú misma hiciste caer el haya!

CRISTINA.—Eso creí. Pero Gerardo sabe muy bien qué mano fue y con qué designio la que la hizo caer. Yo lo vi, es cierto, pero como en sueños y bajo la influencia de tu filtro... Además, Gerardo no puede equivocarse.

SYLANORA.—El amor y el deseo de ser feliz te ciegan, Cristina.

CRISTINA.—No, Sylanora: me han abierto los ojos. ¡Cómo me voy a reír cuando vea a maese Jaime hacerse el diablo!... Se me ha quitado un gran peso del alma. Calcula: todo el peso del infierno. *(Ríe ante Sylanora, que vuelve la cabeza como diciendo: está loca.)*

TELÓN

CUADRO II

Habitación de Cristina. Al foro, en el ángulo de la lateral derecha, cama con dosel [45] y cortinas, y en la misma lateral un espejo. Al foro, la ventana abierta a una plácida noche primaveral. En la lateral derecha, puerta. Un arcón, una rueca, escabeles [46], y en el respaldo de una silla, en medio de la escena, una larga camisa de novia. Sobre una mesita, bajo la ventana del foro, panes y montoncitos de monedas. En las paredes y sobre los muebles, guirnaldas de flores. Varios velones, pues la habitación está iluminada excepcionalmente.

Al levantarse el telón, Cristina, con una guirnalda en la mano, junto a la puerta, despide a un grupo de gente que no se ve.

Voz de Muchacha. — ¡Felicidad, Cristina!

Voz de Hombre. — ¡Que Dios te acompañe!

Voz de Muchacha. — ¡Y el buen amor sea contigo!

Todas las Voces. — ¡Amén!

Cristina. — ¡Gracias, gracias!... (*Corre a la ventana, por la que entran nuevamente las mismas voces, ahora confusas y mezcladas con risas de muchachas.*) ¡Adiós, adiós, muchachas! (*Cierra la ventana, se vuelve sonriendo y queda un instante de pie, ante la camisa.*)

Madre Florida (*entrando sin aliento con una guirnalda en la mano*). — ¡Creí que no llegaba!... ¿No vinieron los pobres?

Cristina. — Aún no, pero no tardarán.

Madre Florida. — ¡Bueno hubiera sido que no llegara a tiempo en la víspera de tu boda! ¡Desde hace cincuenta años que no hay casamiento en este pueblo, o cosa que se le parezca, en que no haya

---

[45] *dosel:* tapiz que a manera de techo cubre una cama y cae desde lo alto a los costados, como cortina.

[46] *escabeles:* banquitos.

intervenido yo mucho más que el cura, dicho sea con el mayor respeto. Toma mis flores.

CRISTINA.—Gracias, son muy lindas.

MADRE FLORIDA.—Mucho más de lo que aparentan. Huélelas.

CRISTINA *(lo hace y las aparta con repugnancia).*—¿A qué huele esto?

MADRE FLORIDA.—A perfume de frasco. Siempre me pareció que el aroma natural de las flores no tenía gracia, era muy soso. Este perfume, en cambio, tiene su picardía y secreto. Parece destilado por las manos de los ángeles y despierta amor como a un caballo un par de espuelas. *(Rápidamente saca una redomita [47] y se acerca a la camisa.)* Te pondré unas gotas.

CRISTINA.—¡No, no la toques, madre Florida!

MADRE FLORIDA *(guardando la redomita, despechada).*—¡Perdón, hija!... No quise ofender tu hermosura. Sé apreciar lo que vale una mujer por entre el guiño de un ojo; y tú eres grácil y apetecible como una vara de junco que hubiera dado manzanas. Y ya tendrás tu granito de pimienta cuando te despierten.

CRISTINA.—No me hables así esta noche, Madre Florida...

MADRE FLORIDA.—¡Pero, hija, si te hablo como lo haría una madre, la madre que te falta y en gloria está!

CRISTINA.—¿Tú la conociste?

MADRE FLORIDA.—A su boda llevé mi guirnalda, nardos y mejorana.

CRISTINA.—Dicen que era muy linda...

MADRE FLORIDA.—¿Linda? ¡La tentación en persona! Era blanca y rosada como la leche que se ordeña al amanecer. Cada paso que daba la embellecía, ¡oh, si ella hubiera querido!... No hubo caballero en veinte leguas a la redonda que no se apeara a refrescar aquí sólo por verla. Pero ella era muy caprichosa.

CRISTINA.—¿Caprichosa?

MADRE FLORIDA.—Sí, hija: tu padre y nada más... Pero, dame la aguja.

CRISTINA *(con desagrado).*—¿Quieres dar la puntada?

MADRE FLORIDA.—¡Bueno fuera que faltara la mía! *(Toma la aguja que Cristina se ha quitado del pecho y le alarga desganadamente, y da una puntada en el ruedo de la camisa.)* Que el amor sea en tus brazos como el fénix de Arabia [48], que renace de sus propias cenizas. Amén.

---

[47] *redomita*: pequeña redoma, vasija de vidrio, ancha en su fondo, que va angostándose hacia la boca.

[48] *fénix de Arabia*: pájaro fabuloso semejante a un águila que, según los antiguos, renacía de sus cenizas.

(Devuelve la aguja y se va muy apurada y cotorrona [49].*)* Bueno, adiós y que seas dichosa del único modo que podemos serlo las mujeres. *(Cristina no responde, y en cuanto ha salido la madre Florida, abre la ventana, tira violentamente la guirnalda y volviendo a la camisa arranca con enojo la puntada que dio la proxeneta* [50].*)*

RIMBALDO *(aparece en la puerta vestido de nuevo y trayendo una hermosa guirnalda de amapolas).*—¡Cristina!

CRISTINA *(se da vuelta, alegre al verlo).*—¡Entra, entra! Creí que no venías.

RIMBALDO.—Yo también. Nunca me hubiera atrevido a acercarme a las flores con los andrajos que llevaba. Pero gracias al traje que tú me regalaste pude meterme en los trigales donde florecen las amapolas y cortarlas orgullosamente, ¡de igual a igual! ¡Acércate, Cristina! *(Le pone la guirnalda alrededor del cuello.)*

CRISTINA.—¿Qué haces? ¡Es contra la costumbre! *(Intenta sacársela.)*

RIMBALDO.—Aunque no sea la costumbre, estás muy bonita. Mírate. *(La conduce de la mano ante el espejo. Ella se mira complacida y después se quita la guirnalda, busca con los ojos dónde colocarla y lo hace en la perilla de la cama.)* ¡En el sitio de honor!

CRISTINA.—¡Cállate! La debí tirar por la ventana, pues rompiste la tradición, y eso es muy grave. Si alguien lo supiera...

RIMBALDO.—¿Quiere decir que entre nosotros habrá un secreto?

CRISTINA.—Un gran secreto.

RIMBALDO.—¿Y siempre que nos encontremos nos unirá la sonrisa de los cómplices?

CRISTINA.—¡Eres un loco, Rimbaldo!

RIMBALDO.—¿Quién lo duda?

CRISTINA *(dándole la aguja, que él toma).*—Ahora tienes que dar una puntada en mi camisa de boda.

RIMBALDO.—¿Una sola puntada en pago de todas las que tiene este traje?

CRISTINA.—Y a tiempo de darla tienes que expresar un buen deseo.

RIMBALDO *(palpando entre el pulgar y el índice la orla de la camisa).*—Es que, ¿sabes?, no estoy acostumbrado a coser en tela tan fina... Si tuvieras alguna prenda vieja para remendar... ¡ése es mi fuerte! Una noche me puse a contar los sietes que había cosido en mi jubón [51] y me dormí millonario. Sí, yo he dado muchas puntadas en esta vida,

---

[49] *cotorrona*: se dice de la mujer vieja que presume de joven.
[50] *proxeneta*: persona que favorece relaciones sexuales ilícitas.
[51] *jubón*: vestidura que cubre desde los hombros hasta la cintura, ceñida y ajustada al cuerpo.

con y sin nudo. ¡Pero coser una camisa de novia!... ¿Y si después te queda mal? ¿Y si te hace un chingue por mi culpa?

CRISTINA.—¡Rimbaldo, por favor, no juegues con estas cosas!

RIMBALDO.—Es que no me gusta la gravedad con que se toma el matrimonio. Se entra en él temeroso, caminando de puntillas como si hubiera un niño dormido, y claro, caminando así todos son tropezones.

CRISTINA.—Como si hubiera un niño dormido... ¿Y no lo hay, Rimbaldo?

RIMBALDO.—Sí, tienes razón. ¿Dónde debo dar la puntada?

CRISTINA.—Aquí, en el ruedo.

RIMBALDO (*da la puntada, serio, y con delicadeza entrega la aguja*).—Ya está.

CRISTINA.—Pero no has expresado ningún deseo, tú que dices cosas tan lindas en tus romances.

RIMBALDO.—Los romances, Cristina, los invento para que la soldadesca y los aldeanos me den de comer, y nadie pone su alma en un plato de sopa. Cuando mi corazón tiene algo que decir, no digo nada.

CRISTINA (*tomándole la mano*).—Gracias, Rimbaldo. Siempre eres para mí como un hermano.

RIMBALDO (*con un dejo de tristeza*).—Como un hermano... (*mirando a la puerta, alegremente.*) Me escapo, Cristina, que ahí viene uno que no dará puntada sin nudo. (*Se va. Cristina, que también ha mirado a la puerta, corre y esconde la camisa dentro de la cama, a tiempo que llega Gerardo, quien no ve la maniobra.*)

GERARDO.—¿Me esperabas?

CRISTINA.—A ti no. Esperaba a los pobres.

GERARDO.—Pues yo soy el primero y el más necesitado de todos.

CRISTINA.—No, Gerardo, tú eres muy rico; mucho más de lo que crees.

GERARDO.—Es verdad, Cristina, pero también soy muy avaro, y cada instante que paso sin verte es como si perdiera un tesoro. (*La estrecha en sus brazos y la besa.*) ¡Pensar que desde mañana ya no nos separaremos nunca! Esta será la noche más larga de mi vida.

CRISTINA.—Yo soy tan feliz, amor mío, que siento que con una mano podría apagar el infierno.

GERARDO.—No es necesario, Cristina; el infierno hace tiempo que se apagó para nosotros. Ya no hay más que cielo... Dime: ¿tú te imaginaste alguna vez el cielo?

CRISTINA.—Sí.

GERARDO.—¿Y cómo era?

CRISTINA.—Tú bien lo sabes.

GERARDO (*besándola en la boca*).—¿Así?

CRISTINA.—¿Por qué me lo preguntas, si sabes que no puede ser de otro modo?

GERARDO.—Amor mío... *(Se detiene para prestar atención a una música que se oye a lo lejos.)* ¿Y esa música?

CRISTINA.—Son los pobres. Vienen a celebrar la ceremonia de una tradición tan antigua como este pueblo. Cada vez que una muchacha se casa... Pero ya lo verás tú mismo... *(La música ha ido aumentando y un grupo de pobres, algunos con instrumentos de la época, y precedidos por el Ciego que trae una cuna de madera de pino a medio desbastar[52], irrumpen en la habitación, cesando la música.)*

CIEGO *(recita a la manera de una salmodia [53] o de un romance de ciego [54], mientras los pobres escuchan con la cabeza baja, religiosamente, lo mismo que Cristina y el caballero Gerardo, que se tienen de la mano.)*

> Por el fuego del amor
> fuiste, doncella, dorada,
> y en vísperas de tus bodas
> oye las viejas palabras
> que por costumbre son ley
> de nuestro pueblo, y que guardan
> los pobres de Dios, que somos
> arca que el tiempo no gasta.
>
> Manda la caballería [55]
> que el caballero las armas
> vele durante una noche
> y en ella medite en calma
> sobre los santos deberes
> que recibe con la espada.
> Así queremos, doncella,
> ya que vas a ser casada
> veles la cuna que al niño
> que habrá de nacer aguarda;

[52] *desbastar*: quitar las partes más bastas (toscas) a una cosa.
[53] *salmodia*: canto monótono, sin gracia ni expresión.
[54] *romance de ciego*: poema de número indefinido de versos octosilábicos, de rima asonante en los pares, sobre un suceso o historia que cantan o venden los ciegos por la calle.
[55] *caballería*: cualquier Orden militar española que agrupaba a hombres que prometían defender causas consideradas justas.

veles la cuna y medites,
sola y recogida el alma,
en el ángel que hasta ella
quiere bajar por la escala
florecida de tu cuerpo
de doncella enamorada.
De mis manos mendicantes
recibe la cuna blanca,
por las manos de estos pobres
en pobre pino labrada,
que ha de ser pobre la cuna
de las ricas esperanzas,
como fue la que en Belén
mecía la Virgen Santa.

(*Cristina recibe la cuna de rodillas, y mientras canta el coro de pobres, distribuye, ayudada por Gerardo, los panes y las monedas.*)

CORO DE POBRES.

Escala es de flores
tu cuerpo, doncella,
por la cual un ángel
bajará a la tierra.

Un ángel dormido
que entre sueños busca
a través de tus rosas su cuna.

CIEGO.—Y ahora echa bien los cerrojos, Cristina, que a nadie debes ver ni hablar hasta mañana... Y vos, señor...

GERARDO.—Voy contigo, abuelo. Cristina... (*La besa en la frente y tomando el brazo del ciego sale detrás de los pobres, que se van repitiendo la canción.*)

CRISTINA (*queda un momento en la puerta siguiéndolos con la mirada y, con la música que se extingue a lo lejos, cierra la puerta con llave y se detiene un instante contemplando la cuna. Después va a la cama, saca la camisa y se sienta a coser en primer término, a la derecha; la cuna ha quedado a la izquierda. Dice, pensativa y soñadora:*)

Por el fuego del amor
fuiste, doncella, dorada...
Dorada de amor y envuelta
en esta camisa blanca...
Oro y rosa bajo el lino,
bajo las rosas el alma,
y tú, Gerardo, reinando
sobre mí con la mirada...

(Queda un momento sonriendo a su felicidad, cuando se oye un leve crujido que parte de la cuna y le hace volver la cabeza y mirarla un momento. Después vuelve a la costura con brío y canta:)

Escala es de flores
tu cuerpo, doncella,
por la cual un ángel
bajará a la tierra...

(Tocada por las palabras de la canción, canta el resto mirando de soslayo a la cuna, y en otro tono, más bajo y reflexivo:)

Un ángel dormido
que entre sueños busca
a través de tus rosas su cuna.

(Se levanta, como atraída por la cuna, y se arrodilla junto a ella, y dejando correr sus manos por las rústicas tablas:) Da pena verla tan desnuda y fría... Ni siquiera un brazado de paja. *(Se levanta y toma una guirnalda, pero la deja después de deshacer unas flores entre los dedos.)* Están húmedas del rocío... *(Lanza una mirada circular, que se detiene en la camisa, a la que va resueltamente, la toma y la coloca en el fondo de la cuna, para lo cual se ha arrodillado nuevamente.)* ¡Así, hijo mío! *(Leve sobresalto.)* Hijo mío... Un día estarás aquí, pequeñito y suave y tibio como una tórtola [56]... Y dormiré con la mano tendida para mecerte. Y cuando despiertes por las mañanas te entregaré a Gerardo para que te bese, y tú comprenderás lo hermosa que es la vida y crecerás sonriendo... Y un día sacarás los piececitos por aquí, y entonces nosotros diremos: ¡Mira, el niño

---

[56]   *tórtola:* ave del orden de las palomas.

ya no cabe en la cuna, qué manera de crecer!... Y mandaremos llamar al carpintero para que te haga una cama... Pero no te acostaremos en seguida en ella, porque nos dará pena sacarte de tu cuna... y tendrás que dormir encogidito, encogidito... Hasta que una noche Gerardo se pondrá muy serio y me dirá: Cristina, esta situación no puede continuar: hay que acostar al niño en su cama. ¡Si es ya casi tan alto como yo!... No será cierto, porque no habrás crecido más que un poquitito. Pero te pasaremos a tu cama, muy satisfechos de que hayas crecido tanto... y un poco tristes también... Y esa noche, como todas las noches, tenderé la mano entre sueños y te meceré y te cantaré como si estuvieras en la cuna, pues, y esto no lo digas a nadie, para tu madre estarás siempre aquí, como ya lo estás ahora aunque nadie te vea, pero yo te veo... ¡y qué lindo eres así, con los ojos azules de Gerardo entrecerrados, queriendo y no queriendo dormirte. Pero hay que dormir, hijo, que ya es muy tarde... *(Le canta meciendo la cuna.)*

Duérmete, niño mío,
que son las doce,
y en su caballo negro
va el rey Herodes [57]
con una espada,
preguntando qué niños
hay en la casa.
Duérmete, niño mío,
que son las doce,
y en su canasta viene
surcando el Nilo
Moisés [58], que tiene miedo
de un cocodrilo.
Duérmete, que tu madre
al rey Herodes
le dirá que en la casa
sólo hay ratones.
Duerme tranquilo

---

[57] *Herodes I*: rey a quien se atribuye el degüello de los Santos Inocentes.
[58] La figura más importante del Antiguo Testamento. La Biblia refiere que un faraón ordenó la muerte de todos los niños varones judíos. Una mujer quiso salvar al suyo, y lo colocó en una canasta que puso a navegar en el Nilo. La criatura fue recogida por la hija del faraón, que le puso por nombre *Moisés*, 'salvado de las aguas'.

que a las doce no muerden
los cocodrilos.

(Se oye golpear discretamente a la puerta. Cristina se sobresalta. Escucha. Silencio. Tranquilizada, reanuda la canción en voz más baja.)

Duérmete, niño mío,
duerme tranquilo...

(Se oye golpear otra vez, ahora en forma ya indudable. Se pone de pie, alarmada y alerta.) ¿Quién es? ¿Quién está ahí?

VOZ DE MAESE JAIME.—Soy yo, maese Jaime. Ábreme, Cristina.

CRISTINA.—¡Maese Jaime! No abriré. Vete. Nada tenemos que hablar.

VOZ DE MAESE JAIME.—Ábreme, Cristina, hija mía.

CRISTINA.—No... no... no puedo hablar con nadie esta noche... *(Pero mientras lo dice salva[59] lentamente, como hipnotizada, la distancia que la separa de la puerta y abre.)*

MAESE JAIME *(cuya expresión diabólica se ha acentuado más aún que en la escena del bosque, avanza lentamente, y ella retrocede).*—Perdóname, pero tenía que recordarte nuestro contrato.

CRISTINA *(sin convicción, tratando de darse ánimo a sí misma).*—Sí, sí; tendrás la posada, los campos de labranza, el soto[60]... Todo será tuyo... *(Ante el silencio de él se va desconcertando cada vez más.)* ¿No quieres esperar?... *(Ya desesperada.)* Pronto tendré joyas, muchas joyas de gran valor... oro, brillantes... Todas te las daré. ¡Pero ahora déjame!... ¡Esta noche no, maese Jaime, esta noche no!

MAESE JAIME.—¿Estás segura, Cristina, de que no soy más que maese Jaime? *(Se ha ido acercando hasta que sus miradas se encuentran.)*

CRISTINA.—¡Oh, qué abismo de llamas y tinieblas hay en tus ojos! *(Se tapa la cara, dejándose caer en una silla.)*

MAESE JAIME.—Ya no dudas de mí, ¿verdad?... Dudar de mi existencia es una herejía que ha hecho perder el tiempo en vanas discusiones a los malos teólogos[61]... Pero tú eres una muchacha razonable y... ¿has visto claro?

CRISTINA.—Sí, sí, pero esta noche...

MAESE JAIME.—Tiene que ser esta noche. ¿Comprendes?

---

[59]   *salva*: recorre la distancia que media entre dos lugares.

[60]   *soto*: sitio poblado de árboles y arbustos.

[61]   *teólogos:* personas con especiales conocimientos de teología, ciencia que trata de Dios.

CRISTINA.—¿Esta noche?... ¡Oh, no, no! *(Entreviendo la verdad, de un salto se interpone entre el diablo y la cuna.)*

MAESE JAIME.—¿Ves cómo comprendías, Cristina? Lo que tendrás que entregarme en cumplimiento de nuestro contrato es lo que vas a poner en esa cuna.

CRISTINA *(arrojándose sobre la cuna y protegiéndola con los brazos)*. —¡Mi hijo no! ¡No!

MAESE JAIME.—Era necesario que lo supieras esta noche porque un niño comienza a nacer desde que la madre piensa por primera vez en él, y tú, lo quieras o no, irás mezclando a la trama de su alma los hilos que con el recuerdo de nuestra alianza se irán mezclando a tus pensamientos. Y el beso de amor que lo despierte en tus entrañas llevará mi sello. *(Cristina hace un gesto, horrorizada.)* ¡Oh!, no temas. Será hermoso y gentil como tú, como el caballero Gerardo. Todas las madres te lo envidiarán.

CRISTINA.—¿A él? ¡Al más desdichado de los niños!

MAESE JAIME.—¿Quién te ha dicho que será desdichado? Por el contrario, será feliz y poderoso. Los hombres se inclinarán ante él; lo amarán las mujeres.

CRISTINA.—¡A qué precio, a qué espantoso precio!

MAESE JAIME.—Hay un precio, sí, pero no será él quien lo pague.

CRISTINA *(con una loca explosión de esperanza)*.—¡Oh! ¿Seré yo? ¡Dime que seré yo quien pague con cien eternidades de dolor y tinieblas, y besaré tus plantas!

MAESE JAIME.—No; a ti ya te dije que estás fuera de mi círculo.

CRISTINA.—¡Ábreme tus llamas, ciérrales para siempre sobre mi carne y sobre mi alma, pero que mi hijo quede fuera! *(Cae de rodillas, juntando las manos.)* ¡Piedad! ¡Piedad!

MAESE JAIME *(severamente)*.—¡Levántate, mujer! Si algo pudiera ofenderme aún sería esa palabra.

CRISTINA *(se arrastra hasta la cuna y hunde la cabeza en ella sollozando)*. —¡Pobre hijo mío!

MAESE JAIME.—¿Sabes quiénes pagarán? Cuantos se acerquen a él, cuantos lo amen, cuantos tengan fe en sus palabras. Ellos pagarán, pues todo el amor que vaya hacia tu hijo, al tocar su alma, que será semejante a la mía, se convertirá en llanto y en tinieblas.

CRISTINA.—Y yo habré traído a la tierra, a esta tierra en que era tan feliz, la semilla de las lágrimas y de la muerte.

MAESE JAIME.—Por tu cuerpo descenderá como por una escala de flores.

CRISTINA *(reaccionando)*.—¡Pero aún es un ángel que busca en sueños su cuna; esta cuna de espinas que mi ciego amor le tendió! *(Pausa.)* ¡Mientes! ¡Has mentido otra vez! ¡Tú no tienes poder sobre los ángeles!

MAESE JAIME.—Es verdad. Por eso te busqué a ti. Óyeme bien, Cristina: con el primer deseo maternal de una niña nace el ángel que será su hijo. A ella le pertenece desde ese instante; y todos sus actos, todos sus pensamientos, lo que ama y lo que odia, lo van modelando lentamente, hasta que un día el amor lo desprende de la rama celeste y cae en su regazo. Pero ella dispone, sabiéndolo o no, de ese ángel, y tú, Cristina, me vendiste el tuyo y ya no puedes retroceder.

CRISTINA.—¿Cómo podría caer en tus manos una cosa que viene del cielo?

MAESE JAIME.—Todo viene de allí... Yo mismo... Recuerda cómo descendí, que en eso las Escrituras no mienten. Por haber bajado como bajé no soy todopoderoso. Por eso quiero que haya uno de los míos, con un alma a mi imagen y semejanza que nazca como el hijo de Él, de una madre pura, porque el misterio de la pureza no es otro que el amor perfecto, como el que tú sientes por el caballero Gerardo; y quiero que nazca, como el hijo de Él, en humildísima cuna, pues sospecho que en eso estaba el secreto de su fuerza.

CRISTINA.—Pero lo salvaré. Mi hijo no será tuyo.

MAESE JAIME.—No voy a reprocharte el que seas rebelde: yo fui el primero. Pero, ¿con qué armas vas a luchar conmigo?

CRISTINA.—Con una que he sentido crecer poderosa dentro de mi pecho junto a esta cuna amenazada por tus garras: con mi amor de madre.

MAESE JAIME.—No olvides, Cristina, que todos los que están bajo mi férula [62] también tuvieron madre y de nada les sirvió.

CRISTINA.—¡Te venceré con la ayuda de ...! *(Quiere decir Dios, y vencida, anonadada, llora sobre la cuna bajo la sonrisa triunfante del diablo.)*

TELÓN

[62] *férula:* dominio.

ACTO III

Sala en el castillo del caballero Gerardo. Al foro, gran ventanal que da al parque, cerrado al comenzar la acción. A la derecha, puerta que conduce a la alcoba nupcial. A la izquierda, gran puerta de entrada. En primer término, un diván. A la derecha, también en primer término, una mesa. Sillones, escabeles, un arcón, un espejo, panoplias[63] con armas, etc. Es de noche. Las luces están encendidas. Al levantarse el telón, varios sirvientes, hombres y mujeres, se atarean arreglándolo todo.

RIMBALDO *(con su elegante traje y haciendo sonar una bolsa de oro).* —¡Vivo [64], vivo, que todo debe brillar como este oro cuando lleguen los amos!

VARIOS SIRVIENTES. —Sí, señor; sí, señor.

MAYORDOMO. —¡Jamás pasé apuro igual en mi vida!

ROSALÍA *(sirvienta, pasa con un montón de sábanas hacia la alcoba).* —Las sábanas, señor.

RIMBALDO. —¿A qué huelen? *(Olfateándolas.)* A espliego[65]. Eso me gusta. *(Acariciándole la barbilla.)* Tú también me gustas.

MAYORDOMO *(colocando un paño sobre la mesa).* —Es mi mujer.

RIMBALDO *(dejándola).* —Lo siento por los tres... Pero todo se arreglará. *(A tiempo que Rosalía traspone la puerta.)* ¡Y mucho cuidado, hermosa, con las pulgas! *(Al mayordomo, que murmura entre dientes.)* ¿Qué estás gruñendo ahí?... ¿O es que no sabes que ese es un capítulo muy delicado? Cuando se casó el gran rey Dagoberto,

---

[63] *panoplias:* tablas, generalmente en forma de escudo, donde se exhiben armas de colección.

[64] *¡Vivo!:* interjección con que se incita a uno a que se apresure.

[65] *espliego:* planta de cuyas flores, muy aromáticas, se extrae un aceite de mucha aplicación en perfumería; las semillas se utilizan para perfumar ropas o muebles.

el camarero mayor permitió que una pulga compartiera con sus augustas majestades el tálamo [66] nupcial y real. ¡Qué vergüenza! Imagínate los diamantes de la corona palideciendo, el trono tambaleando... *(ha tomado impulso oratorio como para una larga peroración [67], pero se corta de golpe)* y al rey picado de arriba abajo. *(Los sirvientes, que han suspendido el trabajo, dejan escapar admiraciones.)* Tan picado estaba el rey, que le mandó cortar la cabeza.

MAYORDOMO.—¿A la pulga?

RIMBALDO.—No, a la pulga la mató así. *(Gesto con la uña.)* Al camarero mayor.

MAYORDOMO *(colocando en la mesa un botellón con vino y copas).*—¡Qué atrocidad!

RIMBALDO.—Pero San Eloy [68], que nunca dejaba de aconsejar bien al rey, le dijo: No seas bestia, Dagoberto, y tómate una copa para olvidar. *(Se sirve una y se la toma.)* Y dicho y hecho: el rey se tomó la copa y perdonó al culpable. Y sirviendo otra *(lo hace)* se la ofreció al santo, diciéndole: Bebe, querido Eloy, pues me has salvado de cometer una mala acción. *(Se la toma.)*

MAYORDOMO *(retirando el botellón).*—Y fue una gran suerte que la pulga hubiera muerto, pues si la invitan a ella también... nos quedamos sin vino. *(Se va por la derecha con el botellón.)*

ROSALÍA *(vuelve de la alcoba con una colcha roja, desplegada bajo su barbilla).*—¿Os gusta el color?

RIMBALDO.—Te va muy bien a la cara.

ROSALÍA *(coqueta).*—¿Sí?

RIMBALDO *(advirtiendo al mayordomo, que regresa con el botellón lleno, golpea las manos).*—¡Vamos, vamos de prisa! ¡A lavarse la cara y a peinarse todo el mundo! *(Salen los sirvientes en tropel y quedan solos Rimbaldo y el mayordomo. Rimbaldo, sentándose en un sillón.)* Puedes sentarte, buen hombre.

MAYORDOMO.—Gracias, señor, pero sé cuál es mi lugar.

RIMBALDO *(que está distraído mirando la esmeralda de un anillo que lleva en el dedo meñique).*—Yo nunca he sabido cuál era el mío.

MAYORDOMO *(después de una pausa).*—Así que... ¿se casaron esta mañana?

---

[66] *tálamo*: lecho conyugal; cama matrimonial (de dos plazas).
[67] *peroración*: modo de hablar que semeja el de pronunciar un discurso.
[68] Orfebre francés al servicio de Clotario II y Dagoberto I, obispo de Noyon desde 641.

RIMBALDO.—Sí, y en seguida se pusieron en camino. Como quien dice, del sacramento al coche.

MAYORDOMO.—Vos, señor, ¿seréis acaso pariente de la novia?

RIMBALDO.—No blasfemes. ¿Dónde oíste decir que la aurora tuviera parientes? *(Se oye, lejano, el son de una trompa* [69].*)* ¡Son ellos!

MAYORDOMO *(dando un respingo).*—¡Los amos! *(Entran apresuradamente los sirvientes y, dirigidos por el mayordomo, se alinean junto a la puerta de entrada. Rosalía trae un niño de pecho en brazos. Se oye otra vez la trompa. Rimbaldo y el mayordomo salen. Un instante de expectativa: las mujeres se arreglan; los hombres se estiran. Se oye la trompa junto a !a puerta y entran Cristina y Gerardo precedidos por el mayordomo y seguidos por Rimbaldo.)*

LOS SIRVIENTES *(a coro).*—¡Bienvenido, señor! ¡Bienvenida, señora!

CRISTINA.—¡Gracias, gracias!

GERARDO *(alegremente).*—¡No me esperaban tan pronto!, ¿eh?... ¿Ni tan bien acompañado? *(Palmea cordialmente a unos, da la mano a otros, y al llegar junto a Rosalía, por el niño.)* ¿Y éste?... ¿Quién es éste?

MAYORDOMO *(adelantándose).*—Es vuestro último servidor, nuestro hijo, que desde ya solicita por mi intermedio la plaza de escudero del vuestro. Ha querido nacer un poco antes para poderlo servir y acompañar en sus primeros pasos.

GERARDO.—¡Pero tú eres la previsión en persona, Amaranto! *(Lo palmea.)*

CRISTINA *(a Rosalía).*—¡Qué lindo es!... ¿Puedo tocarlo?

ROSALÍA.—¡Señora! *(Le tiende al niño, que ella toma y lleva al medio de la escena seguida por la madre.)*

CRISTINA *(mirándolo con una mezcla de arrobamiento y aprensión* [70]*).*—¡Y este niño es tuyo!...

ROSALÍA.—¡Naturalmente, señora!...

CRISTINA *(acerca al niño a su pecho e inclina sobre él la cabeza, cerrando los ojos).*—Qué tibieza tan suave... y qué olor a vida hay en su cabecita... *(abre los ojos)* y crecerá a tu lado, tus manos podrán apartar las piedras y las espinas de su camino... y cuando se aleje un poco te sentirás desasosegada, como si no estuvieras completa... y cuando vuelva lo apretarás contra el seno y dirás: "¡Hijo mío!"

---

[69] *el son de una trompa*: el sonido del instrumento musical de viento que consiste en un tubo de latón enroscado circularmente.

[70] *arrobamiento y aprensión*: éxtasis y desconfianza.

(Transición casi violenta, poniendo al niño en brazos de su madre.)
¡Toma, toma tu hijo!

ROSALÍA *(se aparta confusa)*.—¡Ah!

GERARDO *(amparándola en sus brazos)*.—¡Tonta! La noche pasada velando la cuna te ha impresionado, y ahora le das una trascendencia que no es natural al hecho de ser madre, que imagino debe de ser algo sencillo y hermoso. ¿No es así, Rosalía?

ROSALÍA *(que mira con recelo a Cristina, se dirige a ella)*.—Así es, señora; la inquietud viene de los pensamientos, antes de que nazca, pero después, cuando ya se lo tiene en los brazos seguro y protegido contra todo peligro, ya no se cavila y se es feliz...

CRISTINA.—Sí, sí; pero dile que se lleve al niño, Gerardo. Estoy muy cansada, todo me impresiona.

GERARDO.—Ya pasará, y aquí serás muy dichosa. *(La besa en la frente y, apartándose, se dirige a los sirvientes.)* Y ahora a descansar, pero después de haber tomado un trago de vino. Vamos, Amaranto. *(Sale por la puerta seguido por los sirvientes y Amaranto, quienes al pasar dan las buenas noches a Cristina, que queda sola con Rimbaldo.)*

CRISTINA.—¿Hablaste con Sylanora? ¿Me traes el anillo?

RIMBALDO.—Sospechó que era para ti y no quiso vendérmelo. Dijo que ni por todo el oro del mundo te lo daría. Comprendí que era inútil insistir y me fui. *(Gesto de disgusto y sorpresa de Cristina.)* Pero volví en ausencia de la bruja, y como su casucha no es ninguna fortaleza y tú me habías explicado cómo era y dónde estaba. *(Saca el anillo y se lo presenta.)* ¿Es éste?

CRISTINA.—Sí; dámelo, Rimbaldo.

RIMBALDO *(mirando atentamente el anillo)*.—No me gusta esta piedra, Cristina... Tiene un reflejo extraño. Es hermosa, ¿quién podría negarlo? Pero impresiona como la mirada de un alma tenebrosa a través de unos ojos bellos.

CRISTINA *(impaciente, mirando hacia adentro)*.—Dame. Es una esmeralda como todas.

RIMBALDO.—No, Cristina; hay algo en ella... Me recuerda las espadas de los verdugos. Están hechas del mismo acero noble que las de los soldados, pero despiden unos reflejos perversos que las hacen reconocibles, entre mil. Me dijiste que esta esmeralda era un talismán [71].

---

[71] *talismán*: amuleto, objeto al que se atribuyen virtudes portentosas.

CRISTINA.—Un talismán de gran poder. Dámelo.

RIMBALDO.—Aguarda... No sé cómo decírtelo... Mis pensamientos se detuvieron siempre respetuosamente al borde de tu alma, pero hoy quisiera hacerte una pregunta... (*La mira profundamente a los ojos.*)

CRISTINA (*desviando la mirada y bajándola, después de breve lucha*). —Yo te la responderé. Sí, Rimbaldo, sé que ese anillo contiene un veneno. Pero un veneno puede ser también un talismán. Dámelo.

RIMBALDO (*tras una pausa*).—Escúchame, Cristina: mis baladas [72] no son desde hace mucho tiempo más que un manto de oropel [73] por entre cuyos pliegues saco mis expertas manos de ladrón... no siempre limpias de sangre. Pero nada pudo arrancarme una inexplicable y loca alegría que bailaba como un duende dorado sobre la borrasca de mi vida, y en esa absurda alegría he sentido siempre una muestra de la indulgencia de Dios, y gracias a eso he podido vivir. Pero poner en tus manos puras esta gota de muerte es más de lo que puede soportar mi conciencia... aun siendo tan miserable.

CRISTINA.—¿Y si yo te dijera que el darme ese anillo es quizá la mejor acción de tu vida? ¿Si yo te dijera que en tus manos está en este momento la salvación de un inocente?

RIMBALDO.—No te comprendo. Cristina...

CRISTINA.—No quiero que me comprendas, sino que tengas fe en mí. Te juro que ese veneno no lo tomará nadie que no lo merezca... (*Rimbaldo le alarga en silencio el anillo.*) Gracias, Rimbaldo. (*Se coloca el anillo en el dedo.*) Una vez me dijiste que querías compartir un secreto conmigo y que no te importaba de qué clase fuera; pues bien, eres el único hombre en el mundo que sabe que llevo la muerte en esta mano.

RIMBALDO (*tras una pausa*).—Adiós, Cristina... Creo que ya no volveremos a vernos.

CRISTINA.—¿Adónde piensas ir, Rimbaldo?

RIMBALDO.—A ver si olvido o si comprendo nuestro secreto en el camino de Jerusalén. (*Se arrodilla para besarle la mano, pero ella lo levanta y lo besa en la frente. Se va él en silencio, mientras ella se seca una lágrima. Después se dirige a la ventana del foro y queda un momento en silencio contemplando la luna sobre los árboles del parque.*)

CRISTINA.—Vivir para el amor lo que falta de esta luna, y después... (*Se

---

[72] *baladas*: composiciones poéticas en las que se refieren sencilla y melancólicamente sucesos legendarios o tradicionales, y se deja ver la emoción del poeta.

[73] *oropel*: adorno de una persona.

*retira de la ventana y vuelve al centro de la escena, contemplando
la esmeralda mientras una nube negra oculta la luna.*) Y después
yo sabré evitar que caigas en sus garras, hijo mío.

GERARDO (*entrando*).—Señora, hay uno de tus servidores, el más fiel,
que solicita tu venia para darte la bienvenida.

CRISTINA (*sonriendo*).—¿Estás seguro de que es el más fiel?

GERARDO.—Tendrás toda la vida para probarlo... Y un día, dentro de
muchos años, cuando te sientes junto al fuego a recordar, dirás,
mirando su cabeza blanca: ¡cuánto me amó! (*Se ha ido acercando
y se toman las manos.*) Y él, aunque viva cien años, pensará: ¡qué
corta fue la vida para amarla!... (*Transición.*) Cristina, sé bienvenida
a mi casa como lo fuiste un día a mi corazón.

CRISTINA.—Sólo tu corazón necesito, Gerardo; todo lo demás es para mí
como una niebla.

GERARDO.—¿Una niebla dijiste? Es curioso. Muchas veces, cuando después de una larga ausencia regreso al castillo y lo veo aparecer desde
lo lejos con las almenas derruidas y los fosos llenos de maleza, me
parece que no es más que una masa de niebla acumulada por los
siglos y sostenida por los recuerdos sobre la colina.

CRISTINA.—Es muy antiguo este castillo, ¿verdad?

GERARDO.—Sí, muy antiguo, y, además, desde que murieron mis padres
nadie se ocupó nunca de repararlo. Los vientos del otoño se llevan
sus piedras como si fueran hojas secas.

CRISTINA.—Es una pena, habiendo nacido tú aquí...

GERARDO.—Pero ahora lo haré reparar para ti. Mañana mismo vendrán
albañiles, y las viejas almenas comenzarán a levantarse entre
canciones. Y cuando las obras estén terminadas, los que pasen por
el camino dirán: Mira el castillo del caballero Gerardo. Antes no era
más que un poco de niebla, pero ahora vive en él la primavera; y es
tan poderosa, que hasta las piedras han reverdecido. Y todos los
pájaros de la comarca habrán esperado revoloteando sobre las torres
a que se terminaran las obras para hacer sus nidos. Y todos serán
pájaros cantores, pues las lechuzas y los murciélagos habrán huido
para no asustar a la castellana y más tarde a ese niño que nos
profetizó el mayordomo.

CRISTINA (*se aparta de él, sombría. Se oye lejano el canto de un gallo*).
—Debe de ser muy tarde...

GERARDO (*mirando hacia la ventana*).—Sí, pronto amanecerá, pero tú
no verás la luz de la nueva aurora... (*Cristina hace un gesto de
espanto en el que él no repara*) porque estarás dormida sobre mi
corazón. (*La atrae hacia sí y la besa.*)

145

CRISTINA *(separándose, va a sentarse al diván, adonde él la sigue).*
—Dime, Gerardo; tú, que eres soldado, debes saberlo. Cuando se
está en un gran peligro... No un simple peligro, no... Cuando se sabe
con toda certeza que en un lugar se encontrará la muerte... en una
batalla desigual o algo así, y, sin embargo, se ha resuelto morir, ¿qué
se piensa?, ¿qué se siente?, ¿con qué ánimo se avanza?...

GERARDO.—Yo tuve esa experiencia. Fue en el asalto de un puente, an-
gosto y encajonado entre muros de piedra como un desfiladero. El
que primero avanzara caería bajo una lluvia de flechas. No quedaba
esperanza para él. Mis soldados se detuvieron, dudaron... Era mi
deber, y me adelanté. Frente a mí, cien dardos vibraban ya con la
inquietud del vuelo. ¡Avancé de cara a la muerte, y nunca viví un
momento más hermoso!... ¿Cómo explicártelo? *(Fijándose en un
chal de finísimo tul que lleva Cristina.)* ¿Ves este chal? Extendido
te cubriría toda, pero puedo encerrarlo en mi mano apretada.
(Mímica.) Así se condensó mi vida en aquel instante, sin perder,
como este velo dentro de mi puño, más que el aire vano que separa
la trama, pero conservando todos sus hilos y todas sus flores. Era la
embriaguez de quien recibiera en una sola copa la esencia de todas
las viñas que debería encontrar a lo largo de su vida... Pero no bebí
más que un solo trago, pues mis hombres reaccionaron y lo demás
es un simple ruido de armas... Pero no sé si habré podido darte una
idea de lo que se siente en esos momentos...

CRISTINA.—Nadie mejor que yo para comprenderte... *(Con súbito
arranque.)* ¡Gerardo, quiero vivir, quiero ser feliz, quiero que me
ames mientras dure esta luna!

GERARDO.—¡Esta luna y todas las lunas, amor mío! *(La besa con pasión.)*

CRISTINA.—No quiero despertar.

GERARDO.—No despertaremos nunca. ¿Quién podría arrancarnos a este
sueño tan hondo? *(La besa con más pasión aun.)*

CRISTINA.—¡Oh, Gerardo! *(Se aparta pasándose la mano por la frente.)*
Hay algo nuevo en tus besos de esta noche.

GERARDO.—Quizá la diferencia que va de un capullo a una flor abierta.

CRISTINA.—Antes era como si nos besáramos en medio de un vuelo; sentía como si toda yo me volviera de aire azul y de plumas. Tus besos
parecían levantarme, mientras que ahora es como si me hundiera
porque el cielo hubiera descendido.

GERARDO.—Es que nuestro amor está haciendo pie en la tierra, que es
tan hermosa cuando se tiene toda su dulzura al alcance de los labios.
(Vuelve a besarla.) ¿Estás temblando, Cristina, como si tuvieras
miedo?...

CRISTINA.—No, no es miedo; es un sentimiento confuso... Quisiera explicarte, pero no sé...

GERARDO.—Nada me expliques, Cristina, comprendo.

CRISTINA.—No, ningún hombre puede comprender... Y yo quiero que tú sepas... Es tan poco lo que puede ofrecerte, que hasta esta confusión de mi alma y de mis sentidos quiero que sea tuya... Escúchame, Gerardo; nunca te conté un sueño que tuve la noche del día en que te vi por primera vez, porque hasta ahora ese sueño no tenía sentido para mí. Pero ahora lo veo claro... Yo tenía que pasar bajo un arco de rosas y de espinas. Del otro lado estabas tú, y sabía, como se saben las cosas en los sueños, que al trasponer el arco me convertiría en otra mujer, más bella, más fuerte, más alta, más feliz; pero de este lado del arco iba a quedar la antigua Cristina como una hermana menor abandonada... ¿Comprendes ahora por qué hay una gota de tristeza en mi felicidad?

GERARDO.—No temas por ella, amor mío, que yo no olvidaré nunca a la otra Cristina, a la que vi por primera vez y a la que beso ahora. *(La besa castamente en la frente y se pone de pie.)*

CRISTINA.—Gracias, Gerardo... *(Se pone de pie, toma un candelabro, pero vuelve a dejarlo.)* Yo debería decirte... Sí, quizá es lo mejor... Escucha: aquella noche en que me besaste por primera vez... cuando te fuiste...

GERARDO *(besándola apasionadamente).*—¡Deja dormir los recuerdos, amor! Vivamos ahora, sembremos otros para recogerlos en el invierno, cuando nos falten las flores naturales de la vida. Pasa por el arco de tus sueños, Cristina, para que esas flores se abran con todo el esplendor de tu belleza y de este fuego que siento en los labios. *(La besa en la boca.)*

CRISTINA *(resueltamente, tomando un candelabro).*—¡Sí, Gerardo, que todo lo queme nuestro amor! *(Entra, seguida por la mirada de él, en la alcoba nupcial. Breve pausa y se oye dentro de la alcoba un grito de Cristina, la que sale inmediatamente retrocediendo con el candelabro en la mano.)*

GERARDO.—¿Qué es, Cristina? ¿Qué pasa?

CRISTINA *(dejándose caer en el diván y mirando hacia la alcoba como alucinada).*—¡Allí, allí está!

GERARDO.—¿Quién, Cristina? Nadie hay en la alcoba.

CRISTINA *(sin escucharlo, como en un delirio).*—Me miraba con sus grandes ojos azules cargados de reproches. Parecía decirme: Madre mía, ¿qué vas a hacer de mí?... Yo debería decírtelo, Gerardo, contártelo todo... ¡Fue por ti, amor mío, fue por ti!

GERARDO.—¿Qué tienes, Cristina? ¿De quién hablas?

CRISTINA.—Del niño que hay allí, en la alcoba; es idéntico al que vi anoche mientras velaba la cuna.

GERARDO.—¡Ah, te refieres al retrato!... Soy yo cuando era muy pequeño. ¡Qué susto me has dado! Espera. Iré a quitarlo para que te tranquilices. (*Entra en la alcoba.*)

CRISTINA (*tras un momento en que mira a todos lados, como acorralada*). —¡Ahora, tiene que ser ahora! Después me faltaría el valor... (*Dirigiéndose a la puerta por donde ha salido Gerardo, con voz contenida y hondamente dramática.*) Perdóname, Gerardo... Yo no quería dejarte así... Creí poder ser tuya dándote todo el amor de mi vida, desesperadamente, en el tiempo de una luna, y huir después, a morir sola en los bosques como las bestias impuras, evitando así que por mi cuerpo maldito descendiera el ángel que vendí en mi ceguera... pero soy tan débil, tan débil bajo tus besos, que el secreto se me escaparía en un grito de amor... Y aunque pudiera callar, Gerardo, ¿qué te entregaría? Una vana pureza y la mirada huidiza de una mujer que engaña... No, no; tiene que ser ahora. (*Va a la mesa y se sirve una copa de vino, con mano temblorosa, y deja caer dentro el veneno del anillo. Después se lleva lentamente la copa a los labios, pero antes de que haya bebido vuelve Gerardo alegremente.*)

GERARDO.—Me pareció que hablabas, Cristina.

CRISTINA.—No, nada dije... (*Se estremece pensando que él pudo oírla.*)

GERARDO.—¿Tienes frío?

CRISTINA.—No, quizá más tarde...

GERARDO.—Yo también me serviré una copa y brindaremos por nuestro amor. (*Levantando la copa que se ha servido.*) Cristina, por que nunca tengamos que separarnos. (*Dice esto en el momento en que chocan las copas, y siguiendo el impulso toma el primer trago, pero reparando en que ella se ha quedado con el brazo tendido, añade:*) ¡Oh, Cristina!, para que un brindis se cumpla hay que beber al mismo tiempo y antes de que se apague el ruido de las copas... ¡Vamos! (*Chocan las copas.*) ¡Bebe!

CRISTINA.—Sí, Gerardo. (*Se lleva rápidamente la copa a los labios y toma un trago, pero la retira.*)

GERARDO.—Quizá sea un vino demasiado fuerte para ti.

CRISTINA.—No, no; es lo que necesito. (*Va a beber nuevamente, pero él alarga la mano y le toma la suya con la copa, y aquí comienza un tira y afloja que terminará cuando el diálogo lo indique.*)

GERARDO.—Cambiémoslas; dicen que eso une más a los que se quieren.

CRISTINA.—¡No, Gerardo, no!

GERARDO (*extrañado por su tono*).—Pero ¿por qué?

CRISTINA.—No quiero que sepas mis secretos... Cosas de mujeres... Déjame... vas a volcarla... (*Consigue desprenderse y retrocede un paso.*)

GERARDO (*riendo*).—Cristina, nunca olvidaré este momento. ¿Te haces cargo de la importancia que tiene?

CRISTINA.—Sí...

GERARDO.—No, no te haces cargo. Esta es nuestra primera discusión de casados. ¡Una discusión sobre una copa de vino! No puede imaginarse nada más alegre para empezar. (*Ríe.*)

CRISTINA (*intentando reír*).—Sí; pero te prometo que será la última. Perdóname.

GERARDO.—¡Tonta! ¡Si esta guerra nos permitirá sellar la paz con un beso! Pero bebe primero.

CRISTINA (*bebe a pequeños sorbos y va diciendo*):—Que seas muy feliz, Gerardo... (*Quiere porner la copa sobre la mesa, pero se le cae rompiéndose, y no pudiendo ya más, rompe a llorar.*)

GERARDO (*atrayéndola hacia sí*).—¡Qué niña eres, mi pobre Cristina! ¡Llorar por una discusión con tu marido, una discusión tan pequeña que en realidad era un juego! ¡Si ahora me siento más cerca tuyo!... Pero nunca me perdonaré el haberte hecho llorar en una noche que yo quería que fuera la más dichosa de tu vida... es que tengo la alegría un poco ruda del soldado. Perdóname y dime que todo ha terminado.

CRISTINA.—Sí, todo ha terminado.

GERARDO.—Pero, ¿qué tienes, Cristina? Estás pálida, tiemblas...

CRISTINA.—Estoy cansada, muy cansada... Tengo frío, mucho frío...

GERARDO (*conduciéndola al diván*).—Ven, recuéstate aquí. Yo te abrigaré. (*La abriga con su capa, que habrá quedado sobre una silla, y se arrodilla a su lado tomándole las manos.*) Lo que tienes es cansancio. Es el viaje.

CRISTINA.—Sí, es el viaje...

GERARDO.—Duerme. Yo velaré tu sueño... ¿No me oyes, Cristina?

CRISTINA (*incorporándose*).—¿Quién me llama?

GERARDO.—Soy yo, Cristina, soy yo.

CRISTINA.—No, no; es de muy lejos... Es una voz muy suave, muy pequeña...

GERARDO.—¿Qué dices, por Dios?...

CRISTINA.—Es una voz muy suave, muy pequeña... me llama dulcemente madre, madre... ¡Es mi hijo, Gerardo!... ¿Dónde estás, dónde estás, hijo mío?... ¡Allí, allí en una gran claridad!... Me sonríe, me tiende los brazos... ¡Oh, gracias, gracias!... Ya voy, ya voy...

GERARDO.—¡Cristina, Cristina! ¡No, no; tú estás aquí, junto a mi corazón!

CRISTINA.—Sí, Gerardo; estaré en tus brazos por toda la eternidad, pero ahora estoy muy lejos, muy lejos... ¡Qué dulcemente suena tu nombre, Dios mío! *(Muere, mientras Gerardo dice por lo bajo "Cristina, Cristina". Desde un momento antes han ido palideciendo las luces de la escena y un rayo de luz que viene a nimbar [74] su cabeza revela a los ojos del público la cruz de una alta ventana ojival [75]).*

CAE EL TELÓN LENTAMENTE

---

[74] *nimbar:* rodear con una aureola, disco luminoso que suele dibujarse detrás de la cabeza de las imágenes santas.

[75] *ojival:* gótica; se aplica al estilo arquitectónico que dominó en Europa durante los tres últimos siglos de la Edad Media y cuyo fundamento consistía en el empleo de la ojiva.

PROPUESTAS DE TRABAJO

1. En la idea de **pactar** está implícita la idea de que para obtener un fin, las partes que se relacionan están obligadas mutuamente al cumplimiento de determinadas condiciones.

a) Elegir cinco de las palabras que siguen y explicar qué matices las diferencian de la palabra **pacto**.

ACUERDO, ALIANZA, ARREGLO, ASOCIACIÓN, COLIGACIÓN, COMBINACIÓN, COMPLOT, COMPONENDA, COMPROMISO, CONCIERTO, CONFABULACIÓN, CONJURA, CONSPIRACIÓN, CONTUBERNIO, CONTRATO, CONVENIO, ENJUAGUE, LIGA, TRATO, TRANSACCIÓN, UNIÓN.

b) Explicar en relación con el **pacto** de Cristina los siguientes refranes africanos.

"Si quieres al perro, deberás querer también a sus pulgas".

"El pez no duda del agua, y sin embargo es hervido en ella".

c) La INTRODUCCIÓN informa acerca del origen literario de los pactos con el diablo.

Hay una famosa novela argentina, de ambiente gauchesco, publicada en 1926, que incluye un cuento muy entretenido acerca de alguien

151

que también se animó a firmar un contrato con Mefistófeles:

- averiguar el nombre del autor y título de la novela.
- buscar el capítulo.
- resumir la historia que cuenta.

2. La palabra **leyenda**, 'obra que se lee', hacía referencia durante la Edad Media a narraciones de vidas de santos y mártires que tenían que leerse en los conventos.

Cuando no se disponía de la vida de un santo para leerla en el día de su fiesta, se componía otra que se le asemejara.

Así se fueron introduciendo elementos fabulosos en esos relatos.

Después, los temas fueron variando: gracias a la fantasía del pueblo se aprovechaban sucesos reales y se los explicaba maravillosamente.

a) Leer una leyenda tradicional y comentarla.

b) Componer una leyenda imaginaria que explique por qué a partir de la fantástica quiebra de la rama del árbol que hirió a Gerardo, ningún pájaro hace nido en las copas de las hayas. (Tener en cuenta que el narrador utiliza fórmulas tradicionales de distanciamiento en el tiempo, por ejemplo, *"Cuentan que..."*, *"Desde entonces..."*.)

3. Escribir el romance que Rimbaldo, el juglar, pudo haber compuesto después de la muerte de Cristina (cf. nota de vocabulario número 54.)

4. En el acto II, cuadro II, Cristina le pide a Rimbaldo que le dé una puntada en el ruedo de su camisa de boda y exprese al mismo tiempo un buen deseo.

Más conocida es la idea tradicional de que una novia debe llevar el día de su boda *algo nuevo, algo viejo, algo prestado, algo azul.*

Algunas creencias han sido usadas en profecías. Así las jóvenes que quieren saber si se casarán y cuándo, en caso afirmativo, deben arrojar por una escalera un zapato de taco alto. Si al caer la capellada queda en forma normal (tal como puede verse en una vidriera de zapatería), no se casarán. Pero si el zapato cae con el taco hacia arriba, seguramente habrá boda en días, meses o años de acuerdo con el número de escalones recorridos.

a) Averiguar otras costumbres, creencias, ideas, tradiciones que se refieran a este tema y comentarlas.

b) Escribir a Ediciones Colihue informando acerca de ellas a fin de incluirlas en próximas ediciones de este libro.

BIBLIOGRAFÍA CONSULTADA

Lacau, María Hortensia, *Tiempo y vida de Conrado Nalé Roxlo*, Buenos Aires, Plus Ultra, 1976.

Nalé Roxlo, Conrado, *La cola de la sirena / El pacto de Cristina*, Introducción de Alfredo de la Guardia, Notas y Vocabulario de Juan Carlos Pellegrini, Buenos Aires, Huemul, 9ª ed., 1974.

Nalé Roxlo, Conrado, *Antología Total*, prólogo de Luis de Paola, Buenos Aires, Huemul, 1968.

ÍNDICE

Esta edición
de 3000 ejemplares
se terminó de imprimir en
A.B.R.N. Producciones Gráficas S.R.L.,
Wenceslao Villafañe 468,
Buenos Aires, Argentina,
en noviembre de 2005.